Franz Bock

Der Reliquienschatz des Liebfrauen-Münsters zu Aachen

Franz Bock

Der Reliquienschatz des Liebfrauen-Münsters zu Aachen

ISBN/EAN: 9783743385788

Hergestellt in Europa, USA, Kanada, Australien, Japan

Cover: Foto ©ninafisch / pixelio.de

Manufactured and distributed by brebook publishing software (www.brebook.com)

Franz Bock

Der Reliquienschatz des Liebfrauen-Münsters zu Aachen

Der Reliquienschatz

des Liebfrauen-Münsters zu Aachen

in seinen kunstreichen Behältern,

zum

Andenken an die Heiligthumsfahrt von 1860

beschrieben und mit vielen Holzschnitten erläutert

von

Dr. Fr. Bock.

Mit einer Einleitung

von

Dr. J. Th. Laurent,
Bischof von Chersonnes i. p. i.

Mit Genehmigung hoher geistlicher Obrigkeit.

Aachen.
Im Selbstverlag des Verfassers.
Druck von C. N. Müller in Aachen.
1860.

Zur Erklärung des Titelbildes.

Der Reliquien- und Kleinodienschatz des Karolingischen Münsters zu Aachen nimmt neben den Schätzen des St. Markus-Domes zu Venedig und der Basilika des heil. Johannes zu Monza unter den wenigen heute noch erhaltenen des christlichen Abendlandes die hervorragendste Stelle ein. Gegründet wurde derselbe von Karl dem Grossen, vermehrt und erweitert durch Könige und Kaiser deutscher Nation, die dem grossen Ahnherrn auf dem ersten und ältesten Throne der abendländischen Christenheit im Laufe der Jahrhunderte gefolgt sind. Das Titelblatt veranschaulicht im Bilde diese geschichtliche Thatsache. Den Reliquien- und Kleinodienschatz umstehen im Kreise die gekrönten Herrscher des heil. römischen Reiches deutscher Nation, die durch Widmung eines hervorragenden Kleinods der Patronin jener Pfalzkapelle ihre Verehrung und Dankbarkeit beweisen wollten, in welcher sie von der Hand der Kirche die feierliche Salbung und Weihe erhalten hatten. Rechts auf erhöhtem Marmorstuhl sitzt die Kaiserleiche Karls des Grossen unter der „curvatura sepulchri"; daneben kniet Kaiser Heinrich der Heilige und widmet der Himmelskönigin, deren Bild oben im Initialbuchstaben schwebend angebracht ist, die prachtvolle Evangelienkanzel. Weiter, zur Seite des Marienschreines, worin die vier grossen Reliquien ruhen, erblickt man König Lothar, wie er das goldene Kreuz der h. Jungfrau widmet, das heute noch im Schatze seinen Namen trägt. Ferner reiht sich den Geschenkgebern an Kaiser Otto III., aus dessen Tagen der goldene Altarvorhang herrührt, der wahrscheinlich aus dem Golde, das Otto III. bei der Eröffnung des Grabes Karls des Grossen fand, angefertigt worden ist. Weiter folgt Kaiser Friedrich Barbarossa, der sein Weihegeschenk, den grossen Kronleuchter, darreicht. Im Hintergrunde ersieht man König Ludwig den Grossen von Ungarn, den Erbauer der ungarischen Kapelle, die er mit Kostbarkeiten und Kleinodien aufs reichste beschenkte, von denen sich heute noch im Schatze ein grosser Theil erhalten hat. Darauf folgt Kaiser Karl IV., der Luxemburger, der ebenfalls sein Weihegeschenk, die kostbare Reliquienkapelle emporhält. Den Schluss bildet König Richard, der dem Münsterschatze jene, theilweise heute noch vorfindlichen Kroninsignien durch Schenkungsurkunde einverleibte, die er für seine Krönung aus eigenen Mitteln hatte herstellen lassen. Getrennt von den übrigen Reliquienschätzen, die, in zierlichen Gefässen, auf einem Schautisch die mittlere Fläche des Titelbildes einnehmen, erblickt man unten jene drei Krönungsinsignien, die das Aachener Stift seit den ältesten Zeiten aufzubewahren das Recht hatte, und die bei jeder Kaiserkrönung unumgänglich erforderlich waren. Dieselben befinden sich heute zu Wien. Unter diesen nicht mehr anwesenden drei Kroninsignien sind angebracht zwei Wappenschilde, wovon das eine die Abzeichen des ehemaligen Kaiserlichen Krönungs-Stiftes, das andere das Wappen der freien Reichsstadt Aachen veranschaulicht. Im Hintergrunde der Kaisergruppe erhebt sich das altehrwürdige Münster, der tausendjährige Hüter so seltener Schätze. Auch das Wahrzeichen Aachens, der sogenannte Wolf am Eingange des Münsters, fehlt nicht und hat derselbe in der Ecke neben Richardus Rex noch seine Stelle gefunden. Anknüpfend an die Weise der Miniaturschreiber des Mittelalters hat der Künstler in reich verzierter Mönchsschrift des XIV. Jahrhunderts, beginnend mit einer grossen Initiale, den Titel der Schrift so angebracht, dass von dem Initialbuchstaben aus ein streng stylisirtes Laubwerk sich gleichmässig nach unten und oben verästelt. In diesem obern Rankenwerk liest man in verschlungenen Spruchstreifen den

Beginn der schönen Lobeshymne auf die vielgefeierte Krönungs- und Kaiserstadt Aachen: *Urbs Aquensis, urbs regalis, regni*) sedes principalis, prima regum curia*. In dem Initialbuchstaben selbst thront, von einem Lichtkranz umflossen, die Patronin Aachens und des Karolingischen Münsters, die allerseligste Jungfrau; zur Seite erblickt man musizirende Engel, die das Lob der Himmelskönigin besingen.

Das Titelblatt wurde von den Herren Malern Klein und J. Schönbrunner in Wien nach Angabe des Verfassers entworfen und in dem Institut von Weber & Deckers in Cöln mehrfarbig lithographirt.

*) „Aachen, Königin der Städte und des Reiches Ehrenstätte, wo des Kaisers Hofburg stand."... Irrthümlich hat sich hier *Regum* statt *regni sedes* etc. eingeschlichen.

Vorwort.

Die Aachener Heiligthumsfahrt, gleichsam eine christliche Zeitwende in der Geschichte der deutschen Kaiserstadt, versammelt alle sieben Jahre die Gläubigen von nah und fern in unzählbaren Schaaren um das Grab des grossen Kaisers Karl, um allda unter erhabenen altherkömmlichen Feierlichkeiten jene verehrungswürdigen Reliquien zu schauen, die von dem Herrn selbst, von seiner jungfräulichen Mutter und vielen Heiligen herrühren, und die der glaubensstarke Kaiser als theure Kleinodien dem Schatze seiner Pfalz- und Lieblingskapelle auf ewige Zeiten erworben hat. Seit der neuern Zeit brachte jede Heiligthumsfahrt eine Menge von Schriften, die meist in allgemeinen Umrissen die geschichtliche und stoffliche Beschreibung dieser Karolingischen Heiligthümer zum Gegenstande hatten. Besonders aber war die letzte Festfeier von 1853 sehr ergiebig an solchen Schriften, unter denen zwei namentlich hervorgehoben zu werden verdienen. Das eine Werk erschien auf Wunsch des hiesigen Karlsvereins unter dem Titel: „Die Münsterkirche zu Aachen und deren Reliquien" von C. G. Schervier; das andere, betitelt: „Geschichtliche Nachrichten über die Aachener Heiligthümer" von Dr. Floss, Professor der Theologie in Bonn, verliess zwar nicht zur Heiligthumsfahrt selbst die Presse, wurde aber noch im selben Jahre verfasst. Die erstgedachte Schrift verbreitet sich als brauchbares Handbuch für die frommen Besucher der Aachener Heiligthümer über den dogmatischen und geschichtlichen Theil der hiesigen Reliquien, und schliesst daran eine kurze Aufzählung und Beschreibung sowohl der Reliquien, wie der Kleinodien und Merkwürdigkeiten des Aachener Münsters; die zweite, umfangreichere Arbeit von Dr. Floss wurde als gelehrtes Quellenwerk auf einen ausgewählten Leserkreis berechnet, und sucht mit seltener Gründlichkeit und Belesenheit den Ursprung und das Herkommen der vielen Aachener Heiligthümer nachzuweisen und die Echtheit derselben durch geschichtliche Belege zu stützen. Bei der abermaligen Feier der Heiligthumsfahrt beabsichtigen nun die vorliegenden Blätter, bescheiden zu ergänzen, was die eben gedachten Schriften unerledigt gelassen haben. Jene theuren Ueberbleibsel, die lange Jahrhunderte hindurch die Verehrung vieler christlichen Generationen genossen haben, bei deren Besichtigung Tausende und abermals Tausende unserer Vorfahren innerlich gehoben und im Glauben an den Herrn, der in seinen Heiligen wunderbar ist, gestärkt wurden, haben für jeden gläubigen Katholiken, an und für sich betrachtet, einen unaussprechlichen Werth. Die hohe Bedeutung derselben wird indess dadurch noch mehr gehoben, dass diese Heiligthümer in kostbaren und kunstreichen Fassungen den Blicken der Gläubigen nahegelegt werden. Diese alterthümlichen und formschönen Reliquienbehälter mit ihren eingeschmelzten und eingravirten Inschriften, mit ihrem Reichthum an getriebenen und ciselirten Bildwerken, sind nicht nur als eben so viele Beweisthümer für das Alter und das Herkommen der eingeschlossenen Reliquien zu betrachten, sondern sie sind auch laut redende Zeugnisse des frommen Geistes, der Opferwilligkeit und des geläuterten Kunstsinnes dahingegangener Geschlechter, die in den zierlichsten und edelsten Formengebilden jene Schätze zu ehren und zu bewahren suchten, die ihnen von den Vorfahren als theure Andenken an die Grossthaten des Herrn und seiner Heiligen in Ehren überliefert worden waren. Unter allen Reliquienschätzen des christlichen Abendlandes hat unstreitig die Sakristei der ehemaligen Krönungs- und Stiftskirche unserer lieben Frau zu Aachen bis zur Stunde nicht nur hinsichtlich der Kostbarkeit des Materials, sondern auch der vollendeten künstlerischen Ausarbeitung die reichste Hinterlassenschaft an altkirchlichen Reliquiengefässen und kunstreich gestalteten Behältern aufzuweisen. In der vorliegenden Schrift haben wir es uns zur Aufgabe gestellt, die grossen und kleinen Reliquien des Aachener Schatzes, unter Hinweisung auf die Quellenstudien unseres gelehrten Vorgängers Dr. Floss, in Kürze namhaft zu machen, vorzugsweise jedoch die kunstreichen Behälter und Fassungen unter Zugabe von charakteristischen Abbildungen näher zu beschreiben und zu erläutern.

Nachdem wir in den letzten acht Jahren die hervorragendsten Reliquiengefässe und verwandten Kunstschätze in den Schatzkammern der abendländischen Kathedral- und Stiftskirchen, desgleichen in öffentlichen wie in Privat-

Sammlungen eingehend erforscht haben, wollen wir es in den nachfolgenden Blättern versuchen, vom Standpunkte der heutigen archäologischen Wissenschaft in kurzen Darstellungen die kunstgeschichtliche Bedeutung der vielen Reliquiarien des Aachener Schatzes näher zu beleuchten. Wir beabsichtigen nicht, eine erschöpfende wissenschaftliche Beschreibung der Aachener Schätze nebst Aufzählung ihrer verschiedenen Parallelen in folgenden Blättern zu geben; eine solche eingehende Beschreibung würde die Gränzen dieser kleinen Gelegenheitsschrift bedeutend überschreiten und muss diese monographische Bearbeitung des gesammten Schatzes in seiner Vollständigkeit mit Beigabe grösserer Illustrationen einer späteren Zeit aufbewahrt bleiben.

Wenn es uns in der vorliegenden Schrift gelungen sein sollte, im Anchluss an die Eingangs gedachten Werke einen neuen Beitrag zu den alten Ehren der Karolingischen Heiligthümer zu liefern, so verdanken wir dies zunächst der Gebefreudigkeit eines Mannes, der dem Münster seiner Vaterstadt in neuester Zeit schon zu wiederholten Malen grossartige Geschenke zugewendet. Es ist uns nämlich durch die fördernde Beihülfe des Herrn Bürgermeisters Grafen Karl von Nellessen nicht nur ermöglicht worden, von Künstlerhand eine stylgetreue Aufnahme der vielen Reliquiarien vor den Originalien veranstalten zu können, sondern wir wurden auch dadurch in die Lage gesetzt, in dem bekannten xylographischen Institute des Herrn Rich. Brend'amour in Düsseldorf von den meisten Prachtgefässen meisterhafte Holzschnitte anfertigen zu lassen, welche den vollendetsten Darstellungen dieser Art würdig zur Seite gestellt werden können. Diesen grossmüthigen Subventionen ist es ebenfalls zuzuschreiben, dass die Anschaffung der vorliegenden Blätter zur Erinnerung an die diesjährige Heiligthumsfahrt auch einem grösseren Kreise ermöglicht worden ist. Tiefgefühlten Dank schulden wir ferner jenem hochwürdigsten Kirchenfürsten, der auf unsere Bitten geruhte, durch eine geschichtlich-theologische Abhandlung als Einleitung den folgenden Blättern eine höhere Weihe und einen bleibenden Werth zu geben.

Sollte die vorliegende Schrift sich des Beifalles der Besucher der Aachener Reliquienschätze, sowie der Freunde und Verehrer christlicher Kunst in weitern Kreisen zu erfreuen haben, so gebührt das Verdienst einem Freunde, welcher während unserer längeren Abwesenheit auf einer Reise ins Ausland für stylgetreue Anfertigung der Abbildungen und für Vervollständigung des

Textes mit sachkundiger Sorgfalt thätig gewesen ist. Mit Freuden ergreifen wir die Gelegenheit, dem Verfasser der Schrift: „Die Münsterkirche zu Aachen und ihre Wiederherstellung", Herrn Debey, med. Dr., für seine ausdauernden Bemühungen unsern pflichtschuldigen Dank hiermit öffentlich auszusprechen mit dem Bemerken, dass es uns bei der grossen Entfernung vom Druckorte nicht möglich gewesen sein würde, ohne die unermüdliche Beihülfe des eben gedachten Archäologen die vorliegende Arbeit noch eben rechtzeitig der Oeffentlichkeit zu übergeben.

Aachen, an den Vigilien St. Peter und Paul 1860.

Dr. Fr. Bock.

Einleitung.

1. Die alte Krönungsstadt der deutschen Könige feiert in diesem Jahre 1860 wieder ihr Sabbathjahr. Schon über drei Jahrhunderte sah ihr Karolingischer Liebfrauenmünster in seinen Mauern keine Königskrönung mehr, und seit im Anfange dieses Jahrhunderts das heilige römische Reich deutscher Nation erlosch, verlor er sogar die ein Jahrtausend lang in seinem Schatz bewahrten Reichsinsignien. Aber noch immer behält die graue Basilika eine Krone, wie kein Gotteshaus der Erde eine kostbarere aufzuweisen hat, das ist der heilige Reliquienschatz, den ihr Gründer Karl der Grosse hier bei seiner Pfalz hinterlegte, und der mit Recht im vorzüglichen Sinne das „Heiligthum" heisst. Vom heiligen Kaiser erzählt die Legende, nachdem er den gesammelten Reliquienschatz in seine Residenz gebracht, habe er Boten durch sein weites Reich gesandt, um die Völker zur Verehrung der heiligen Pfänder einzuladen; und seitdem habe sich alle Jahre um Pfingsten die Wallfahrt aus allen Ländern des Reichs zur Heiligthumsstätte wiederholt. Nach dem Einfall der Normannen vor dem Ende des neunten Jahrhunderts, vor deren Verheerung das Heiligthum nach Stablo geflüchtet wurde, ward der Wallfahrt zu demselben eine siebenjährige Frist gegeben, die ihr Papst Leo X. im Anfange des 16. Jahrhunderts unter Verleihung der Ablässe des heiligen Landes bestätigte; und seitdem freut sich Aachen auf seine siebenjährliche „Heiligthumsfahrt", wie weiland Israel auf sein Sabbathjahr. Mit der frommen Stadt aber freut sich weit umher das katholische Land, das seine Bewohner auf die Heiligthumsfahrt sendet. Bald werden sie wieder kommen

fünfzehn Tage hindurch, von der sieben römischen Märtyrerbrüder
Fest bis zu des Apostels Jakobus des Grösseren Abend; zu Tausenden und zu Hunderttausenden werden sie betend und singend
herein wallen durch alle Thore der Stadt; von fern schon werden
sie aufschauen und grüssen zum Geländer des Münsterthurms und
den Heiligthumskammern daneben, von wo herunter das „grosse
Heiligthum" gezeigt wird; die Strassen und Plätze, die Häuser und
Dächer, welche Aussicht auf jene Stellen bieten, werden die Schaaren füllen, während in der Thurmkapelle das heilige Messamt gefeiert wird. Weil keine Kirche der Welt, auch nicht Sankt Peters
Dom zu Rom, die Menge der betenden Schauer fassen würde, so
hat der alte schöne Brauch das Heiligthum in die Luft empor getragen, und die ganze Mitte der Stadt zu Kirchenraum verwendet.
Wenn nun die „Muttergottesglocke" ihren Feierruf hat erschallen
und verhallen lassen, so tritt in der Höhe der priesterliche Herold
auf und ruft die frohe Kunde von dem zu zeigenden Heiligthum
in Aller Ohren hinunter. Dann wird die schwarze Sammtdecke,
ehemals ein Goldgewand, ausgespreitet, und auf derselben erscheint
zwischen brennenden Lichtern, von priesterlichen oder gar bischöflichen Händen getragen, von der Klerisei umstanden, ein heiliges
Tuch. Betende Augen ohne Zahl hangen unverwandt an dem Heiligthum, so lange es zu sehen ist. Viermal wiederholt sich der
feierliche Heroldruf und das heilige Schauspiel. Zum ersten wird
gezeigt, weit entfaltet wie eine Fahne, „das Tuch, das heilige Kleid,
welches Maria die Mutter angehabt in der heiligen Christnacht, als
Jesus Christus, wahrer Gott und Mensch, von ihr geboren ward."
Zum zweiten werden gezeigt „die Windeln, die heiligen Tücher,
darein unser Herr Jesus Christus nach seiner Geburt von seiner
Mutter gewickelt ward." Zum dritten wird gezeigt „das Tuch, das
heilige Kleid, darauf Sankt Johannes des Täufers Haupt ward abgeschlagen, darein sein heiliges Blut floss." Zum vierten wird gezeigt „das Tuch, das heilige Kleid, das der Herr Jesus Christus
vor Sich hatte am heiligen Kreuz, da Er den bittern, unschuldigen
Tod für uns gelitten hat." Nachdem bei der letzten Ausrufung
zum Gebet aufgefordert worden für Papst und Bischof, für den
König und sein Haus, für geistliche und weltliche Obrigkeit, für
die Stadt Aachen, für alle Pilger, die hergekommen sind und noch

kommen werden, für alle verstorbene Christgläubige, für alle
Anliegen der Christenheit, für Erhaltung des römisch-katholischen
Glaubens, für allgemeinen Frieden, wird mit dem heiligen Lendentuch der Segen in Kreuzesgestalt ertheilt beim Mittagsgeläut zum
englischen Gruss. Nach Mittag werden die heiligen Gewänder im
hohen Chor mit dem „kleinen Heiligthum" in zwanzig kostbaren
Gefässen ausgestellt, um von der bis zum Abend daran vorbeiziehenden Prozession auch in der Nähe angeschaut und verehrt zu
werden. So geschieht es alle die heiligen Tage hindurch, während
welcher zugleich in verschiedenen andern Kirchen, namentlich zum
h. Adalbert und zum h. Joseph in Aachen, zum h. Johannes und
zum h. Michael in Burtscheid und in der'Abteikirche zu Kornely-Münster, viel Heiligthum gezeigt und verehrt wird. Sind die fünfzehn Tage verflossen, so trösten darob sich die Bewohner von Stadt
und Land nur mit der Hoffnung, sie nach sieben Jahren, so Gott
will, wieder zu erleben.

2. Ist diese „Aachener Heiligthumsfahrt" nicht ein gewaltiger
Anachronismus? Ragt da nicht das volle Mittelalter herein in's
19. Jahrhundert? Zu einer Zeit, wo die christliche Wahrheit nur
noch zwischen den Mauern der Kirche sich hören lassen darf; wo
alle Erwähnung derselben in öffentlichen Gesellschaften, geschweige
in den Kammern oder Häusern der Volksvertreter, als eine Unanständigkeit betrachtet wird, wird hier in der alten Kaiserstadt, die
dazu eine überaus geschäftige Fabrikstadt und ein weltberühmter
Badeort ist, die Thorheit des Kreuzes bis in ihre äussersten Konsequenzen nicht allein von den Dächern gepredigt, sondern sogar
von den Thurmzinnen mit Psalmengesang und Posaunenklang hinausgerufen über Stadt und Land; und da in dieser Zeit ein freiwilliger Stillstand des alltäglichen Geschäfts und Gewerkes nicht
möglich ist, erschallt in dessen Gewühl hinein der sonderbare Ruf
wie aus längstvergangenen Jahrhunderten her! Zu einer Zeit, wo
der Herr Christus vieler Orten „ein Fremdling in Israel" geworden, dessen historische Existenz man auf sich beruhen lässt, von
dessen persönlicher Gegenwart man keine Kunde nimmt, werden
hier noch die Dächer erklommen, um von da nach seinen und
seiner Mutter und seines Vorläufers Gewändern auszuschauen! In
so üppiger Blüthe steht hier noch der katholische Reliquienkult,

nachdem er über drei Jahrhunderte lang als Götzendienst in der Welt ausgeschrieen worden! Es ist wahr, — des sei Gott Lob und Dank! — die katholische Kirche altert nicht und ändert nicht im Lauf der Zeiten; die Mutter der Völker bleibt immer die Braut des Herrn, „ohne Makel noch Runzel", und ist, wie der Herr selbst, immer „dieselbe, gestern und heut und allezeit." So ist denn auch die heurige Aachener Heiligthumsfahrt ein offenes Zeugniss, dass die Kirche dem Herrn ihren Glauben und ihre Liebe bewahrt hat, im 19. wie im 13. und im 9. und im 4. und im 1. Jahrhundert. Dennoch, da die Kinder der Kirche zugleich Kinder der Zeit sind, ist auch in den kirchlichen Lebensäusserungen der Einfluss der Zeit zu merken, und ist die Aachener Heiligthumsfahrt heute nicht mehr, was sie vor Zeiten war. Noch vor Ende des Mittelalters melden umständliche Berichte uns nicht allein bei der kirchlichen Feier der Reliquienzeigung viel höhern Glanz, viel reichere Pracht, wie sie das kaiserlich - königlich - freie Krönungsstift aufzubieten vermochte, sondern auch unvergleichlich grösseren Zufluss und Andrang des Volks und aus viel weiterer Ferne her. Vom welschen Meer im Süden bis zum deutschen Meer im Norden, und von Spanien im Westen bis nach Ungarn im Osten strömten die Pilger auf die Aachenfahrt. Aus Ungarn kam ein Pilgerzug, dem sich Polen, Kärnthner, Steyrer und Oesterreicher anschlossen, zusammt unter dem Namen „die Wiener", welcher zur Zeit bis auf fünftausend Mann gestiegen. Die Strassen der Stadt fassten nicht die Menge der Fremden; Manche wurden im Gedränge erdrückt; die Zusammengehörigen mussten sich an einander festhalten, um nicht getrennt zu werden; und zuweilen mussten die Stadtthore geschlossen werden, um den Zustrom zu hemmen. Erst wann im Nachmittag der Haufen sich ein wenig zerstreut hatte, konnten Viele in die Stiftskirche zu gelangen versuchen. . Dennoch war alle Tage überaus gross die Zahl der Beichtenden und Kommunizirenden in dieser und in allen Kirchen. Der grosse Abfall von der Kirche im 16. Jahrhundert, der in frevelhafter Losreissung von der triumphirenden Kirche der Heiligen, wie von der streitenden Kirche der Gläubigen, aller Heiligen-, Bilder- und Reliquien-Verehrung einen wahnsinnigen Krieg erklärte, schmälerte zuerst bedeutend die Aachener Heiligthumsfahrt; und sein Gefolge, der 30jährige Krieg mit seiner

Verödung Deutschlands, der sogar einmal die siebenjährliche Feier verhinderte, setzte die Schmälerung fort. Seitdem in der letzten Hälfte des vorigen Jahrhunderts der aufgeklärte Kaiser Joseph II. seinen Völkern das Wallfahren untersagte, und im Anfang des gegenwärtigen die französische Revolution, so weit sie herrschte, eine Reihe von Jahren allen Gottesdienst unterdrückte, und auch das ihr folgende Kaiserthum die Wallfahrten verbot, sind die fremden und fernen Pilger ausgeblieben und ist die Aachenfahrt schier ausschliesslich auf das mittlere Rhein- und Maas-Gebiet eingeschränkt. Doch mag daran mehr noch als die äussere Umgestaltung der politischen Lage die innere Abnahme der christlichen Gesinnung Schuld haben.

3. In der That, je weiter wir in der christlichen Zeit zurückgehen, desto mehr sehen wir die Begeisterung für die Ehre der heiligen Reliquien Christi und seiner Mutter und seiner Heiligen wachsen. Jede Epoche der christlichen Geschichte kann uns Beweise dieser Thatsache liefern. Vom Schluss des Mittelalters haben wir solche bereits vernommen. Auf der Höhe desselben im 13. Jahrhunderte, erscheint der einzige Heilige in der langen Reihe der Könige von Frankreich, Ludwig IX., der für die damals ungeheure Summe von 200,000 Pfund die von dem griechischen Kaiser einem Patrizier von Venedig verpfändete Dornenkrone Christi einlöste, zu deren Bewahrung die schönste Kirche von Paris, die heilige Kapelle, erbaute, und dann das h. Kleinod mit seinem Bruder, Grafen Robert, baarfuss und in schlichtem Leibrock in die Stadt trug, während sein Kriegsheer auf blossen Füssen vorauf und nachzog. Die zahlreiche Welt- und Klostergeistlichkeit hatte Leiber der Heiligen gleichsam dem König der Heiligen, durch seine Krone vergegenwärtigt, entgegen getragen; die volkreiche Stadt, aufhüpfend vor Jubel, hatte alle ihre Häuser mit Teppichen und Tüchern, alle ihre Strassen mit Laub und Licht geschmückt; Psalmengesang und Trompetenklang erscholl um die Wette mit den Freudenrufen der Menge; beredtsamer aber noch war das Weinen und Schluchzen der frommen Rührung von den fürstlichen Trägern und unzähligen Zuschauern des Diadems, womit den König Christus die Synagoge geschmückt. Mehr als einst Jerusalem den göttlichen König selbst bei seinem Einzug, ehrte die damals so religiöse Stadt Paris dessen Dornenkrone mit diesem Triumph. Doch stand nicht hinter Paris

zurück die damals „heilige Stadt Köln", die durch die Fülle von
Heiligthümern in ihren vielen Kirchen den Namen des deutschen
Roms verdiente. Als im 12. Jahrhundert Barbarossa ihr die
Häupter ihrer Patrone, der heiligen drei Könige, von Mailand
brachte, da war ihr keines ihrer vielen Thore weit und gut genug
für deren Einzug, und sie legte zu dem Behufe ein Stück ihrer
Mauern nieder; wo die heiligen Könige aus dem Morgenland zu
ihr eingegangen, da sollte kein König noch Kaiser je mehr durch-
ziehen. Auch war ihr bald keine ihrer vielen Kirchen gross und
schön genug zu deren Aufbewahrung, und sie baute zu dem Zweck
das neue Weltwunder ihres Doms. Da hinterm Hochaltar steht nun
die Dreikönigenkapelle, und was die Erde an edelm Metall und
Gestein bieten und die Kunst damit leisten kann, das ist am „Drei-
königenkasten" zu schauen. Die nämliche Zeit und ein Jahrhundert vor und rückwärts erfüllen die Kreuzzüge: waren sie nicht in
ihrem ersten und eigentlichen Beweggrund Züge nach Reliquien?
Um die heiligen Stätten, wo der Gottmensch mit den Seinigen ge-
lebt und gewandelt und gestorben, der Verunehrung der Ungläubigen zu entreissen, der Pflege und Hut der Kirche zurückzugeben,
der Andacht der Gläubigen offen zu stellen, war den christlichen
Völkern Heimath und Vaterland, Blut und Leben nicht zu theuer.
Auch nachdem ihrer Hunderttausende dort verblutet und geblieben
waren, dauerte die Wallfahrt aus dem katholischen Abendland zu
dem durch Christi Wort und That und Leiden geheiligten Morgenland
immer fort, ungeachtet aller Gefahren und Beschwerden; und wie
glücklich schätzten sich die Daheimgebliebenen, wenn die Zurück-
gekehrten ihnen auch nur ein Steinchen oder etwas Staub aus der
Krippenhöhle, vom Kalvarienfelsen, aus dem heiligen Grab mitbrach-
ten! Zu Anfang des Mittelalters, als die Wogen der Völkerwanderung sich zu ebenen begannen, tritt die hohe Heldengestalt unseres
grossen und heiligen Karls auf. Treu seinem Hauptberuf, den letzten Heiden Germaniens den Weg zur Kirche zu bahnen, die romanisch-
germanische Christenheit wider mahomedanischen und heidnischen
Einbruch zu schirmen, und den christlichen Staat auf der christlichen
Kirche zu gründen, erkannte er als seine Aufgabe, überall in seinem
weiten Reich, zumal an dessen Grenzen, Bisthümer und Klöster zu
stiften und Kirchen zu bauen: und waren diese Kirchen fertig, den

König aller Heiligen aufzunehmen, so war Karl bemüht, Ihm einen Hof seiner Getreuen zu bilden, den heiligsten Frohnleichnam des Herrn mit Leibern und Leibestheilen der Heiligen zu umgeben. Das war aber für Karl nicht blos Königspflicht, sondern auch Herzensangelegenheit. Seine Pfalz- und Hauskapelle zu Aachen, diese Kapelle aller Kapellen (Aix-*la-Chapelle*), die mit den ersten Kirchen der Christenheit an Pracht und Reichthum wetteiferte, wo er am liebsten nach seinen siegreichen Feldzügen gegen die Feinde der Christenheit die hohen Feste des Kirchenjahres feierte, wo er in den ruhigeren Jahren seines Alters bei Tag und Nacht sang und betete, diese hat er mit dem allerreichsten Schatz der allerehrwürdigsten Reliquien begabt, nicht allein der Heiligen, sondern auch des Herrn und seiner Mutter, wie es gleichzeitige Urkunden besagen. Diese Reliquien hatte der mächtige, weitgereiste und noch weiter reichende Kaiser mit Fleiss und Beharrlichkeit gesammelt; er hatte sie erworben aus Rom von den ihm befreundeten und verpflichteten Päpsten Hadrian und Leo, aus Jerusalem von dem für die armen Christen Palästina's mit reichen Almosen beschenkten Patriarchen, aus dem ganzen heiligen Land von dem ihm verbündeten und ergebenen Kalifen Harun al Raschid, aus Konstantinopel von den seine Freundschaft und gar Verwandtschaft suchenden griechischen Kaisern, aus ganz Italien, Frankreich und Deutschland von den ihm anhänglichen und dankbaren Bischöfen und Herren. Alle wussten, dass sie dem Karl nichts Lieberes und Wertheres, auch kaum etwas Anderes und Neues geben konnten, als heilige Reliquien, und Karl verwendete seine Schätze und seinen Einfluss nicht lieber, als um sich diese heiligen Gaben zu verschaffen; darin das Beispiel seiner Vorfahren nachahmend und seinen Nachkommen zum Beispiel dienend. Die fabelhafte Sage aus dem 12. Jahrhundert von Karls Zug in den Orient um Reliquienpreis beweist sowohl, welche Erinnerung von seiner Sehnsucht nach Reliquien in dieser Zeit lebte, als welche Hochschätzung sie selbst für dieselben hegte. Ein noch viel bedeutenderer Beweis dieses Reliquienhungers des Mittelalters ist die dessen ganze Poesie durchziehende Sage von den Fahrten und Kämpfen der Ritter von der Tafelrunde des Königs Arthur um den heiligen Gral, diese Wunderschüssel aus einem einzigen Edelstein, aus welcher der Heiland mit seinen Jüngern beim letzten Abendmahl das

Osterlamm gegessen und in welche das Blut und Wasser aus seiner Seitenwunde aufgefangen worden *).
Schreiten wir weiter zurück in der Geschichte, bis vor die Völkerwanderung, zur Scheidung des west- und oströmischen Reichs, so tritt uns der erste zum Christenthum bekehrte Kaiser Konstantin entgegen, der Rom dem Papst einräumte und sich am Ende des Welttheils Konstantinopel erbauen ging. Womit bewies sich Konstantin als den ersten christlichen Kaiser? wodurch unterschied er sich von seinen Vorgängern auf dem Thron der Welt? Dass er, wie später der stolze Sikambrer, „verbrannte, was er angebetet, und anbetete, was er verbrannt hatte"; dass er das Kreuz in die Luft erhob, was sie in die Erde gesteckt; dass er die Gebeine Derer zu Ehren brachte, welche sie um's Leben gebracht. Konstantin und seine heilige Mutter Helena behandelten es als ein wahres Kaisergeschäft, die heiligen Orte Palästina's, vorzüglich die Stätten der Geburt, des Todes, der Begräbniss und Auferstehung, der Himmelfahrt Christi zu erforschen, Ihm an denselben Kirchen zu erbauen, seine Krippe, sein Kreuz, seine Leidenswerkzeuge zu finden und zu erhöhen, und diese Reliquien hauptsächlich zwischen Jerusalem, Rom und Konstantinopel zu vertheilen. Besonders machten sie die neue Hauptstadt des Reichs, wo noch keine lebenden Heiligen gewandelt, durch die Menge der Heiligenleiber, welche sie von allen Orten dahin bringen liessen, zu einer Residenz der hingeschiedenen Heiligen, zu einem grossen Reliquientempel, und hielten sie dadurch für gefeit und geweiht. Von den Tempeln, die sie über einzelnen Heiligengräbern erbaut, sagte der heilige Chrysostomus aus eigener Anschauung (hom. 26 in ep. 2 ad Cor.): „Fürwahr sind die Gräber der Diener des Gekreuzigten glänzender als die Paläste der Könige, nicht allein durch die Grösse und Schönheit der Gebäude, sondern noch mehr durch die Menge der Besucher." Deshalb verordnete sich Kon-

*) Dass aber Karl sich nicht mit solchen Sagen begnügte, um die Echtheit seiner Erwerbnisse an Reliquien zu bekunden, sondern authentische Beweise forderte, das müssen ihm doch Alle zutrauen, die ihn als den (für seine Zeit) grossen Gelehrten und weltkundigen Fürsten, tiefsinnigen Gesetzgeber und scharfsichtigen Verwalter zu würdigen wissen; wie viel mehr Alle, die ihn als Heiligen ehren, für welchen die Echtheit der Heiligthümer, die er seinen Völkern zur Verehrung vorstellte und hinterliess, eine Sache der strengsten Gewissenspflicht war. Auch beweisen seine Kapitularien und Briefe an vielen Stellen, mit welcher Umsicht und Sorgfalt er die Reliquien prüfte, die er sammelte; ein Geschäft, bei welchem ihm sowohl die Päpste und Bischöfe als überhaupt die grössten Gelehrten seiner Zeit zur Seite standen.

stantin selbst sein Grabmal an die Schwelle einer herrlichen Kirche, die er der h. zwölf Apostel Reliquien zu Ehren errichtet; worüber der h. Chrysostomus sagt: „Die Kaiser beehrten sich jetzt, Thürhüter jener Fischer zu sein." Auf dieser Grundlage bauten die folgenden Kaiser fort. Im fünften Jahrhundert begegnen wir schon zu Konstantinopel verschiedenen der vornehmsten Reliquien, die unter Karl nach Aachen wanderten: die Windeln des Heilands, das Kleid seiner Mutter, ihr Gürtel wurden bewahrt in den schönsten Marianischen Basiliken daselbst, welche sogar wahrscheinlich dafür erbaut worden, und alljährlich eigene Feste zu deren Ehren feierten. Wie die christlichen Kaiser thaten, so that das christliche Volk unter Leitung seiner Hirten. Von ihrer endlich errungenen Kultusfreiheit machten die Christen den ersten Gebrauch, um die Heiligengräber aufzusuchen, und über denselben Konfessionen und Memorien, Grabmäler und Gotteshäuser zu errichten. Bei Gründung einer neuen Stadt oder Gemeinde war ihre erste Sorge, Reliquien der Heiligen zu gewinnen, die deren „Vorsteher und Wächter" wären, wie Theodoret sie nennt. (Serm. 8. cont. Graec.) „Diese sind die Verwalter unseres Landes," sagte der h. Basilius von den vierzig armenischen Martyrern, deren Reliquien durch das ganze Morgenland verbreitet waren; „wie zusammenhangende Thürme schirmen sie uns wider Einfall der Feinde." (or. in 40 Mart.) „Es frohlocken vor Glück die Einwohner jeder Stadt, wenn sie wenigstens von Eines Martyrers Gebein geschützt wird," predigte Bischof Ambrosius zu Mailand. (Serm. 93.) Die Hinbringung der Reliquien war für jeden Ort ein grosses Fest, dem eine beständige Gedächtnissfeier gewidmet ward unter dem Namen der Translation. Da wurden die Gebeine der Heiligen mit Spezereien in kostbare Gewänder oder Gefässe gehüllt, besprengt und gesalbt, beleuchtet und beräuchert, in feierlichem Zug unter Psalmen und Hymnen von Priestern oder gar Bischöfen einhergetragen und beigesetzt. Ihre Namen wurden fortan beim heil. Opfer genannt, ihr Lob beim Wort Gottes verkündet, ihre Tage gefeiert, ihre Ruhstatt besucht und dahin gewallfahrt. Auch bezeugen schon Augustinus und seine Zeitgenossen den christlichen Brauch, nah zu den Ruhestätten der Heiligen die Begräbnissplätze der Christen zu legen, damit, sagt Maximus von Turin (hom. de ss. Mart. Taur.), „während jene Christus erleuchtet, von uns die Finsterniss der Hölle weiche," und wie Augustinus schreibt (l. de cur. pro mort. c. 4,), „die welche zum Heiligen beten kommen, ihm auch die daselbst ruhenden Verstorbenen im Gebet empfehlen."

Steigen wir aus der Morgenhelle des Christenthums hinunter in die von Kerzenschein erleuchtete, von Gesang und Gebet erklingende Nacht der Katakumben, wo die Kirche unter der Erde wie die Sonne unterm Horizont den künftigen Tag der Welt immer näher heraufbringt, so finden wir sie da mit ihren lebenden aber des Tods für Christum stets gewärtigen Vätern und Kindern mitten zwischen ihren bereits für Ihn und in Ihm Verstorbenen, und sie hat die Stätten ihres Opfers und Gebets, ihrer Lehre und Heilsspende aufgeschlagen in Mitte der Gräber ihrer Martyrer. Was war diesen ersten Christen, die alle Tage wie Opferschaafe erachtet waren, was war ihnen nach dem Bekenntniss des christlichen Glaubens der theuerste Preis ihres Bluts, was galt ihnen als der köstlichste Besitz ihres Lebens? Unter dem Schwert und dem Beil der Schergen, vom Scheiterhaufen, aus dem Rachen der Bestien, das Blut, die Leiber, die Gebeine, selbst aus Meer und Strom die versenkten Gebeine und Asche der Martyrer Christi, als „unschätzbare Schätze, besser als Gold und Edelstein," mit Lebensgefahr zu sammeln oder um hohen Preis zu erstehen, und diese neuen Gegenstände ihrer frommen Liebe und neuen Pfänder ihrer gläubigen Hoffnung, gekennzeichnet für die Nachwelt, zu bestatten in jenen unterirdischen Gottesäckern, die zugleich ihre Gotteshäuser waren. Aus diesen rund um Rom gezogenen Minen, die endlich die Burg des Heidenthums gesprengt haben, sehen wir die christliche Mutterstadt schon anderthalb Jahrtausend lang wie aus unerschöpflichen Erzlagern heilige Schätze graben, und seit dem frühen Mittelalter in alle Länder der Christenheit versenden, nämlich heilige Leiber und Gebeine und Staub der Heiligen *). Noch einen Schritt weiter zurück und wir befinden uns in der Apostelgeschichte, wo die ersten Gläubigen ihren Kranken und Siechen die Schweisstücher und Gür-

---

*) Schön sagt das der Sänger Prudentius in seinem Hymnus auf den h. Laurentius: Vix fama nota est, abditis Quam plena Sanctis Roma sit, Quam dives urbanum solum Sacris sepulchris floreat. Alle diese Heiligengräber Roms überragt aber das Grab der Apostelfürsten, wovon Prudentius singt: Quae prius imperio tantum et victricibus armis, Nunc et apostolicis terrarum es prima sepulchris.

tel des Apostels Paulus auflegten, um sie zu heilen, oder sie in den Schatten des vorübergehenden Apostelfürsten Petrus stellten, um zu genesen; wo fromme Männer die Leiche des für Christum gesteinigten Diakons Stephanus pflegten und besorgten, sie hinterlegend für den Tag ihrer Erhebung. Einen letzten Schritt, und wir stehen im Evangelium, wo die Kranken und Gebrechlichen sich durch die Volkshaufen zum Heiland drängten, um den Saum Seines Rocks zu berühren, weil Kraft von Ihm bis durch den Rocksaum ausging und Alle heilte; wo des Herrn Täufer, der grösste Mann unter denen, die vom Weib geboren, sich unwürdig achtete, Ihm Seine Schuhriemen aufzulösen; wo Magdalena, die den Leib des Herrn vor Seinem Tod zum Begräbniss eingesalbt hatte, nach Seinem Tod zum Grab ging, um Seinen Leichnam zu salben; wo nach der heiligen Ueberlieferung Maria, die jungfräuliche Mutter Christi, nachdem sie dem Sterbenden unter Seinem Kreuz beigestanden, und das Blut und Wasser aus Seiner Seitenwunde in ihr vom Schwert durchbohrtes Herz empfangen, Seinen Leib vom Kreuz herab in ihren mütterlichen Schooss nahm, und Ihn wusch und salbte und umhüllte, und zu Grab geleitete. So war es die heiligste Gottesmutter selbst, sie, die zuerst das in ihrem Schooss menschgewordene Wort Gottes angebetet, die auch zuerst die Reliquien ihrer gebenedeiten Leibesfrucht verehrte, Seinen verbluteten, entseelten Leib, in dem noch immer „die ganze Fülle der Gottheit leibhaft wohnte"; (Kol. 2, 3) so war es die seligste Jungfrau Maria, sie, die die Anbetung des Gottmenschen in Seinem lebendigen Leib angehoben, die an Seinem todten Leib den Reliquienkult in Seiner Kirche eröffnete. Maria, der Gott Seinen Sohn anvertraut, die uns das Geheimniss Seiner Menschwerdung, so viele Geheimnisse Seines Lebens in ihrem Herzen bewahrt hat, sie hat uns ohne Zweifel auch Seine Hinterlassenschaft und Ueberbleibsel, Seine Kleider und Leidenswerkzeuge aufgehoben; aus ihren Händen haben die Christen solche empfangen, und, einmal der gläubigen Liebe übergeben, konnten diese heiligen Schätze ihr nicht mehr entfallen, nicht mehr verkommen, nicht mehr verschwinden, konnte nicht mehr deren Dasein verborgen bleiben, nicht mehr deren Name verloren gehen; der Faden dieser zarten und innigen Tradition, dessen Ende die Hand der Mutter Gottes hält, konnte in der Kirche Gottes nicht zerreissen.

Auch diesen Theil des Christenthums, den Reliquienkult, hat also „die Mutter der Erkenntniss und der heiligen Hoffnung und der schönen Liebe", das Vorbild und Herz der Kirche, in Uebung gebracht und in Bewegung gesetzt, ehe die Kirche solchen in ihre ausdrückliche Lehre fasste.

4. Diese durch alle Alter des Christenthums hindurchgehende Uebung des Reliquienkults, die, je näher der Zeit Christi, des Urquells aller Wahrheit und Gnade, desto leuchtender und feuriger erscheint, muss in der christlichen Lehre ihre tiefen Wurzeln haben. Diese Lehre hat das h. Konzil von Trient in folgenden Ausdruck gefasst (S. 25): „Der heiligen Martyrer und anderer mit Christo Lebenden heilige Leiber, welche lebendige Glieder Christi und Tempel des h. Geistes waren, und von Ihm zum ewigen Leben auferweckt und verherrlicht werden sollen, sind von den Gläubigen zu verehren, und es werden durch dieselben viele Wohlthaten von Gott den Menschen gewährt." Hier ist wohl zu beachten, wie die Kirche unmittelbar von den *Leibern* der Heiligen sagt, dass sie „Glieder Christi und Tempel des heiligen Geistes" waren. Wie der Mensch von Gott aus Geist und Leib geschaffen ist, so sind auch die auf den Menschen bezüglichen grossen Werke Gottes, die Menschwerdung des Sohnes Gottes, die Erlösung der Welt, die Heiligung der Seelen, nicht bloss geistige, sondern zugleich leibliche Thatsachen und Ursachen. Der Leib Christi, in dem Er aus der Jungfrau Schooss geboren worden, in dem Er uns erschienen ist und unter uns gewohnt und gewandelt, in dem Er zu uns geredet und mit uns gespeist, den Er uns zu unserer beständigen Opfergabe und zur Speise unserer Seele mittelst leiblichen Genusses hinterlassen, in dem Er Sein Leiden und Seinen Tod gelitten, den Er verklärt und glorreich aus dem Grab geführt und zu des Vaters Rechten gesetzt hat, ist und bleibt der lebendige Träger und Auswirker alles Heils für uns. So ist auch dem Christen Sein Leib, worin und woran er das Wasser der Wiedergeburt und das Urtheil der Sündenvergebung, das Oel der Stärkung und das Brod des Lebens, die Weihe der Kraft oder den Segen der Ehe empfangen hat, worin und womit er leidet und arbeitet, sich abtödtet und übt, sich heiligt und büsst, Gott lobt und Ihm dient, dieser Leib ist lebendiger Träger und Mitgenosse der göttlichen Gnade, organischer Theil am mystischen Leib Christi,

Gegenstand und Schauplatz der Wirkungen des h. Geistes. Diese Bedeutung und Bestimmung des Leibes der Christen wird gesichert und vollendet durch ein heiliges Leben nach dem göttlichen Willen und ein seliges Sterben in der göttlichen Gnade. Der so geheiligte Leib, der Leib des Heiligen, ist freilich in das Todesopfer Christi eingegangen, aber um, als Same in die Erde gestreut, der Auferstehung entgegen zu reifen, einst mit seinem in Gottes Glorie aufgenommenen Geist wieder vereinigt, vergeistigt und verklärt zu werden, mit Christo zu Gericht zu sitzen über die Welt, und im Himmel wie ein Stern um den Thron Gottes zu leuchten durch die Ewigkeit. Doch auch der Zustand des Uebergangs vom Begräbniss bis zur Auferstehung ist für den Leib des Heiligen eher ein Schlaf als ein Tod zu nennen; er stirbt nicht ganz, im Tod beginnt ihm ein neues Leben. Jeder Heilige kann mit dem Heiland zu Gott sagen: „Mein Fleisch ruht in Hoffnung; Du lässt Deinen Heiligen keine Verwesung sehen, sondern öffnest ihm die Wege des Lebens." (Ps. 15, 9—11.) Die Dämmerung der Auferstehung spielt schon um dessen Leichnam und glorreich ist Sein Grab. Das hat der Herr den Seinen vorgesagt: „Ich bin die Auferstehung und das Leben; wer an Mich glaubt, der wird leben, obgleich er gestorben ist." (Joh. 11, 25.) Darum sagt der h. Johannes von Damaskus von den verstorbenen Heiligen: „Diese sind keineswegs unter die Zahl der Todten zu rechnen. Denn seit Der, Der das Leben selbst und des Lebens Urheber ist, zu den Todten gezählt ward, nennen wir die nicht mehr Todte, die im Glauben an Ihn und in der Hoffnung der Auferstehung ihr Leben beschlossen haben." (l. 4. orth. fid. c. 16.) Darum können und müssen wir auch von den heiligen Leibern der in Christo Gestorbenen und bei Christo Lebenden sagen, dass sie nicht allein „lebendige Glieder Christi und Tempel des h. Geistes *waren*," sondern auch noch *sind*, weil sie nicht aufgehört haben, in Christo zu leben. Dieses Leben der heiligen Todten, diese Lebendigkeit des todten Leibes der Heiligen offenbart sich vor Allem in der Unverweslichkeit, die vielen heiligen Leibern von Gott verliehen wird. Ihre Grabmäler von Erz und ihre Tempel von Stein werden vom Zahn der Zeit zerfressen, aber ihr Leibsgebild von Fleisch und Bein wird nicht angenagt vom Zahn der Verwesung; ward dem Tod Gewalt gelassen, ihr Leben aufzulösen, so wird ihm nicht gestattet, sie in Staub zu zermalmen; selbst Versuche gewaltsamer Zerstörung sind oft an ihrer wunderbaren Erhaltung gescheitert. Wenn aber auch Gott an den meisten heiligen Leibern dem Tod sein volles Recht lässt, bis zur Verwesung des Fleisches und Zerstäubung der Gebeine, so erweisen sich an denselben oft höhere Lebensäusserungen, dergleichen auch die noch hier lebenden Heiligen von sich zu geben pflegen, ein wunderbares Leuchten, das die Beschauenden entzückt, ein wunderbares Duften, das die noch Fernwesenden anzieht. Werden gemeine Sinne dieses Glanzes und Wohlgeruchs nur selten gewahr, so gibt es in der Kirche noch lebende Heilige mit aufgeschlossenen Sinnen für die höhere Welt, denen jener Glanz und Wohlgeruch der heiligen Reliquien immer wahrnehmbar ist, und die dadurch den Heiligen selbst in seiner Glorie erkennen. Daher macht an diesen heiligen Gebeinen der Tod nicht seinen gewöhnlichen Eindruck von Schauder und Schrecken; vielmehr sind sie uns Gläubigen anmuthig und lieblich, so dass wir sie küssen und an die Stirne und ans Herz drücken mögen, und jeder Fromme heut wie vor Zeiten sich glücklich schätzt, ein Theilchen davon besitzen und tragen zu dürfen. „Nach jüdischem Gesetz," sagt der heilige Basilius (hom. in Ps. 115), „waren die todten Leiber ein Abscheu und deren Berührung eine Verunreinigung: die aber für Christus den Tod gelitten, deren Ueberbleibsel sind kostbar," so dass, wie Gregor von Nyssa sagt, „Jeder schon die Berührung ihres Grabes für eine Heiligung und Segnung hält." (or. in Theod. Mart.) Ja, und das ist ein anderer Beweis der höheren Lebenskraft der heiligen Reliquien, dass, wie der eben angeführte Kirchenvater aussagt, ihre andächtige Berührung schon geistliche Segnung und innere Heiligung wirkt. Eben so sagt der h. Basilius (a. a. O.): „Wer eines Martyrers Gebeine anrührt, der empfängt einige Mittheilung von Heiligungskraft durch die Gnade, welche dem heiligen Leib einwohnt." Noch bestimmter drückt das der h. Chrysostomus aus: „Nach der Kraft des göttlichen Worts, sagt er, haben besonders die Gräber der Heiligen Macht, die Seele des Herzunahenden zur Nachahmung ihrer Tugenden zu wecken; er fühlt sich sogleich von innerer Gewalt ergriffen, als ob der da Bestattete zugegen wäre und betete." (lib. contr. Gent.) Es geschieht also nicht blos durch die Erinnerung an die Heiligen, dass deren Reliquien uns im Geist erheben, im

Herzen rühren, im Willen bewegen, sondern auch durch einen unmittelbaren mystischen Ausfluss von diesen heiligen Ueberbleibseln, die der Kirchenvater durch die Gegenwart des Heiligen selbst in und bei ihnen erklärt. So setzen noch die Leiber der vollendeten Heiligen jene „Erbauung des Leibes Christi" (Eph. 4, 12) unter den sie Verehrenden fort, welche diese Heiligen, im Leib auf Erden wandelnd, durch Wort und Blick unter ihren Mitlebenden bewirkten. Die dritte Lebensäusserung der heiligen Leiber besteht in der von ihnen ausströmenden Wunderkraft zu Gunsten der sich zu ihnen wendenden Gläubigen. Diese durch tausend geschichtliche Thatsachen bewiesene Wunderkraft der heiligen Reliquien hat im 8. Jahrhundert das zweite allgemeine Konzil zu Nicäa ausgesprochen. „Unser Heiland Christus, heisst es in dessen Akten (act. 7), hat uns die Reliquien der Heiligen als heilsame Quellen hinterlassen, die auf viele Weisen ihre Wohlthaten auf Dürftige ergiessen. Wie der grosse Lehrer Athanasius sagt, vertreiben die Gebeine der Martyrer die Krankheiten, heilen die Siechen, geben den Blinden das Gesicht, reinigen vom Aussatz, befreien von Versuchung und Trübsinn: und das alles durch Christus, der in ihnen wohnt." In Bezug auf diese Stelle des h. Konzils will der h. Johannes von Damaskus (a. a. O.) die Leiber der Heiligen nicht zu den Todten zählen. „Denn, sagt er, wie kann ein todter Leib Wunder wirken?" Und wie das Konzil diese Wunderkraft der heiligen Leiber einer besondern Einwohnung Christi in denselben zuschreibt, so sagt auch der h. Ephrem: „Die Gottheit wohnt in den Gebeinen der Martyrer, und durch ihre Macht und Gegenwart werden die Wunder gewirkt." Freilich kann nur Gott, nur der Gottmensch Wunder wirken, aber durch Seine Gegenwart und Einwohnung in der Heiligen Leib theilt Er diesem die Wunderkraft mit. Und wird auch dieser Leib in Staub aufgelöst, oder in tausend Gebeinstheilchen zerlegt, und diese Stäubchen und Theilchen nach tausend Orten verspreitet, so bleibt einem jeden Theilchen mit der besondern Gegenwart Gottes und Einwohnung Christi auch die Wunderkraft und die Heiligungskraft und alle höhere Lebenskraft. „Das ist die Glorie der Heiligen," sagt der h. Chrysostomus (serm. 93 in nat. ss. Naz. et Celsi), „dass, wenn auch ihre Leibestheile in Asche durch die ganze Welt gesäet werden, dennoch die Fülle der Kräfte ganz in ihnen bleibt." Es ist also durchaus nicht allein die bei ihren Reliquien geschehene Anrufung der Heiligen, sondern eine besondere Gegenwart Gottes, eine Einwohnung Christi, eine daher den Reliquien eingegebene Wunderkraft, welcher deren wunderbare Heil- und Hülfleistungen zuzuschreiben sind. So erfüllen sich die Worte der Schrift: „Der Herr bewahrt alle Gebeine der Gerechten, keins derselben wird zerstört." (Ps. 33, 21.) „Ihre Gebeine sprossen hervor aus ihrem Grab." (Sir. 46, 14.)

Wenn wir bisher unter heiligen Reliquien die Leiber oder Leibestheile der Heiligen zunächst besprochen, so wollen wir doch überall auch die h. Reliquien im weitern Sinn, die Kleider der Heiligen und alle körperliche Geräthschaften, die ihnen gehört und gedient, mit einbegriffen haben. Das Kleid des Menschen, womit Gott ihn seine sündige Blösse decken gelehrt, gehört mit zu seinem Leib und hilft dessen Gliedern die Gedanken des Geistes offenbaren und die Entschlüsse des Willens ausführen. Der Christ entäussert sich des Kleides nicht; nur der Heide erlaubt sich die Entblössung, durch welche auch die heidnische Kunst sich von der christlichen wesentlich unterscheidet. Die Kirche segnet und weiht sogar das Kleid derjenigen ihrer Kinder, die sich selbst Gott dem Herrn in einem heiligen Stande weihen. Auch die Werkzeuge und Geräthe des Menschen treten in eine solche Zusammengehörigkeit mit ihm, und die Kirche pflegt ebenfalls diese zu weihen und zu segnen; so nicht allein Kelch und Patene des Priesters, Ring und Stab des Bischofs, sondern auch Schwert und Fahne des Kriegers, Krone und Scepter des Königs. Sind alle diese Dinge des Menschen während seines sterblichen Lebens dem Verfall und dem Wechsel unterworfen, so treten sie in eine festere Beziehung zu ihm, wenn sie ihm bis zum Tode gehört oder gedient haben; es haftet dann an ihnen sein Andenken. Bei den Heiligen aber viel mehr als ihr Andenken. Der Ueberfluss höherer Lebensmacht, der sich von dem in Gott ruhenden und seligen Geist auf dessen Leib ergiesst, strömt auch auf seine Kleider und Geräthe aus, mögen sie ihn noch umgeben oder von ihm hinterlassen worden sein. Zumal stehen in näherer und innigerer Beziehung zu den heiligen Blutzeugen die Werkzeuge ihrer Peinigung und Tödtung, zu den heiligen Lehrern ihre Bücher und Schriften, zu den heiligen Bekennern ihre Bussgeräthe, welche daher auch an ihrer höheren Lebenskraft sich betheiligen. Wie begeistert spricht der heilige Johannes Chrysostomus über die Ketten, womit der Apostel Petrus im Kerker gebunden gewesen, und wovon auch ein Glied sich unter den hiesigen Heiligthümern befindet. „O ehrwürdige und kostbare Ketten, ruft er aus, die jenen heiligen apostolischen Leib umfangen, die jene wunderthätigen Hände gefesselt haben, die von ihnen mit göttlicher Gnade erfüllt worden, die nun von Wundern überfliessen, Kranke heilen, Gläubige heiligen, Makeln der Seele auf mystische Weise abwischen, schädliche Einflüsse abwenden... Diese Ketten scheut und flieht der Fürst der gefallenen Geister, wie getroffen von Pfeilen, die denselben entfahren; er kann nicht ertragen die Gnade des h. Geistes, die diese Ketten beschattet; ihn brennen die Funken göttlichen Feuers, die denselben entsprühen... Diese Ketten schauend und berührend, glauben wir den seligen Apostel selbst zu schauen und zu berühren. Liegt er auch begraben im alten Rom, so ist er doch auch hier bei uns, weil es eine und dieselbe Gnade ist, die durch seinen Leib und durch seine Ketten Wunder wirkt." Welche Lobsprüche aber erheben die alten Väter erst über die Kleider des Herrn und seiner Mutter, über sein Kreuz und seine Leidenswerkzeuge! Diese Lobsprüche sind zu mannigfaltig und weitläufig, um auch nur im Auszuge angeführt zu werden; auch sind sie allgemeiner bekannt. Am gewaltigsten nun erweist sich die höhere Lebenskraft aller heiligen Reliquien, wo sie auch entfliesst auf alle Zeuge und Dinge, die ihnen aufgelegt, an sie gerührt werden; etwa wie in einem Naturvorgang der Magnetstein dem Eisen, das er angezogen, auch seine Anziehungskraft mittheilt. Die Gewohnheit dieser Anrührung der heiligen Reliquien, die bis ins hohe christliche Alterthum hinaufreicht, beweist den allezeit gleichen Glauben der Kirche an deren höhere Lebendigkeit; sie traut den heiligen Reliquien die nämliche Kraft zu, wie den lebenden Heiligen selbst; wie des Apostels Paulus Schweisstücher und Gürtel wunderkräftig waren, so hält sie Alles, was mit den Heiligen in Berührung gekommen, in ihre Lebensströmung gerathen, auch für fähig, deren höhere Lebenskraft zu enthalten und von sich zu geben. So bezeugt uns der h. Gregor von Nazianz (or. de s. Melet.), dass die Gläubigen ihre Schweisstücher auf das Angesicht des Leichnams des h. Meletius gelegt, und dann als Schutzmittel bei sich getragen; so bezeugt uns der h. Augustinus, dass in Afrika eine blinde Frau ihr Gesicht erlangt, als sie die Augen mit Blumen berührte, die einen Augenblick auf den Gebeinen des heil. Stephanus gelegen; dass zu Mailand ein Blinder sehend geworden durch Berührung seines Gesichts mit einem Schweisstuch, woran die Gebeine des h. Gervasius und Protasius gerührt worden. (De civ. Dei, l. 22, c. 8.) Der h. Ambrosius selbst schreibt als Augenzeuge über jene Heiligen (ep. 85 ad sor.): „Gleichsam durch einen Schatten ihrer heiligen Leiber seht ihr Viele geheilt. Wie viele Tücher, wie viele Gewänder werden auf die heiligen Reliquien geworfen, und wenn sie durch die Anrührung heilkräftig geworden, zurück begehrt." Der h. Papst Gregor der Grosse schrieb gar an die Kaiserstochter Konstantina, welche von ihm Reliquien des h. Paulus begehrt hatte: „man pflege in Rom (damals noch) nicht die Leiber der Heiligen zu zertheilen, sondern gebe nur ein Tuch, was darauf gelegt, und dadurch der Kraft der Leiber selbst theilhaft worden." (Ep. 31. c. 4.) Dieser Brauch besteht auch bei den Aachener Heiligthümern. Nach jeder Heiligthumsfahrt werden die vier grossen Reliquien in neue Seidenhüllen gelegt, die alten aber zerschnitten und vertheilt und mit Ehrfurcht bewahrt. Auch der Brauch, Rosenkränze, Bildmünzen, Ringe, Kreuze und dergleichen an die Heiligthümer zu rühren, oder „anzustreichen", um solche einigermaassen an deren Ehrwürdigkeit und Kräftigkeit zu betheiligen, hat sich hier wie in der ganzen Christenheit aus grauer Vorzeit bis in unsere Tage erhalten. Alle diese mittelbaren und unmittelbaren Lebensthätigkeiten der heiligen Reliquien, weil alle übernatürlicher Art, lauter Erweise des „in seinen Heiligen wunderbaren Gottes", sind zugleich göttliche Beweise ihrer Echtheit. Wie die geistlichen und leiblichen Wunderwerke die sichersten Beweise der Gottgefälligkeit der Heiligen, so sind dieselben auch die besten Proben, dass Heiligen die Reliquien, durch welche solche bewirkt werden, angehören, mit andern Worten: dass sie ehrwürdig sind. Die Wunderkräftigkeit ist die Begründung ihrer Ehrwürdigkeit, wie die Ehrwürdigkeit der Grund ihrer Wunderkräftigkeit ist.

5. Diese Ehrwürdigkeit der heiligen Reliquien, durch die Verehrung aller Alter der Kirche anerkannt, und diese Lebenskraft derselben, durch Heiligung und Wunderwirkung von ihnen erwiesen, bestimmt die Stelle, welche sie im Gottesdienst und Heilsgeschäft

der Kirche einnehmen: im Altar und auf dem Altar des Herrn haben sie ihre Stelle. Es ist uralte Sitte der Kirche, die Reliquien der Heiligen nicht im Grab, nicht in der Erde zu lassen, sondern sie zu erheben und zu übertragen, in ihre Nähe zu ziehen, in ihre Mitte zu stellen, und zwar an ihren höchsten und würdigsten Ort, auf oder in den heiligen Altar. In den Katakumben hatte die Kirche den Altar immer auf und zwischen den Gräbern der Martyrer errichtet: aus den Katakumben herauf steigend, verordnete sie, heilige Leiber unter den Altar zu legen, Heiligengebein in den Altarstein selbst einzuschliessen. In jedem geweihten Altar ist ein mit Chrysam inwendig gesalbtes „Grab" (sepulchrum), worin vom weihenden Bischof Gebeine der Heiligen, am liebsten heiliger Martyrer, mit Weihrauchkörnern eingelegt und versiegelt werden; und wird dies Grabmahl geöffnet und so das Heiligengebein in seinem Grabesfrieden gestört, so ist der Altar entweiht und zum h. Opfer untauglich. „Mit Recht," sagt Augustinus, (serm. 4. de Innoc.) „und durch eine ihnen gebührende Genossenschaft, wird den Martyrern da ihr Begräbniss gegeben, wo täglich der Tod des Heilands gefeiert wird." Sind ja die Martyrer durch ihren Tod für Christus, und alle Heiligen durch ihren Tod in Christo, in den Opfertod und das Todesopfer Christi eingegangen. Darum sieht Johannes in der geheimen Offenbarung (6, 9.) „unter dem Altar Gottes die Seelen der Erwürgten für das Wort Gottes, Ihm zum Zeugniss." Im Namen, zur Ehre, in der Kraft des göttlichen Opferlamms sind alle diese heiligen Opfer gefallen, sind also als eine Trophäe des Lammes Gottes anzusehen; „es geziemt sich," sagt Ambrosius, „dass diese Triumphopfer da seien, wo Christus das Sühnopfer ist; auf dem Altar Er, Der für Alle gelitten hat: unter dem Altar sie, die durch Sein Leiden sind erlöst worden," indem sie sich an demselben betheiligten, es „an ihrem Fleisch ergänzten", wie Paulus sagt. (Kol. 1, 24.) Das Sühnopfer, mit dem sie starben, war aber auch das Speisopfer, von dem sie lebten. Daher wohnt über dem Altar, im Tabernakel, Christus, das vom Himmel gefallene Weizenkorn, das vom Himmel gekommene Lebensbrod, aller Kraft und aller Süsse voll: um den Tabernakel stehen die Heiligen, Früchte, die aus jenem Samenkorn erwachsen, Lebende, die von jenem Brod sich genährt; im Tabernakel Christus, der vom Vater gepflanzte Weinstock, Dem Gnadensaft entquillt, Dem Jungfräulichkeit entspriesst: um den Tabernakel die Heiligen, Reben, die am Weinstock hangen und bleiben, in denen der Wein des Segens reift. Durch diese ihre Verbindung mit Christo, bedeutet durch die Einsenkung ihrer Reliquien in den Altar Christi, bewirken die Heiligen auch unsere Verbindung mit Christo und mit ihnen. „Unterm Altar Gottes habt ihr euren Sitz erhalten, Heilige Gottes: bittet für uns beim Herrn Jesus Christus!" ruft die Kirche nach der Beisetzung ihrer Gebeine in den Altar ihnen zu; wie sie schon bei deren Uebertragung sie angerufen: „Heilige Gottes, erhebt euch von eurer Wohnstätte, wandelt an den euch bestimmten Ort, heiligt alle Orte eures Durchzugs, segnet das Volk, und bewahrt uns sündige Menschen in Frieden." Schliesslich bittet sie Gott um „Hülfe durch deren Verdienste, deren Reliquien sie mit frommer Liebe umfasse." Doch nicht blos durch ihre Fürbitte beim Herrn helfen die Heiligen uns; wir sahen schon wie auch eine geistliche und leibliche Hülfe, Heiligung und Segnung geradezu von ihren Reliquien ausgeht. „Gott hat die Heiligen mit uns getheilt," sagt der h. Johannes Chrysostomus; „Er hat die Seelen genommen, uns hat Er die Leiber gelassen, auf dass wir als einen beständigen Antrieb zur Tugend ihre heiligen Gebeine haben;" (hom. 97.) „Er hat uns ihre Reliquien gegeben, um den Geist, der in ihnen lebte, uns einzuflössen, und uns einen Hafen des Heils gegen die auf uns eindringenden Uebel zu gewähren." (or. de s. Ignat.) Diese „lebendigen Glieder Christi" dienen also zu unserer Einverleibung in Christum, diese „Tempel des heil. Geistes" zu unserer Einführung in den heil. Geist. Was wir an den heiligen Reliquien Gott an Ehre erweisen, das gibt Er durch sie uns reichlich zurück an Gnade. Daher gehört die Erhaltung und Verehrung der heil. Reliquien mit zur Belohnung und Verherrlichung der Heiligen bei Gott; und deshalb sind die Heiligen des Himmels keineswegs gleichgültig für das Loos und die Lage ihrer Leiber auf Erden. Wie viele wunderbare Erscheinungen der Heiligen berichtet uns die Kirchengeschichte, wodurch sie lebende Fromme unterrichteten, wo ihre Leiber verborgen lägen, und dieselben zu deren Erhebung aufforderten. So erzählt uns ein Priester Lucian aus Palästina im Anfang des 5. Jahrhunderts in einem Brief, wie in wunderbarem Traumgesicht die Heiligen Stephanus, Gamaliel und Nikodemus, die in der Umgegend Jerusalems an unbekanntem Ort begraben lagen, ihm daselbst ihre Leiber gezeigt und deren Erhebung anbefohlen haben, welche dann vom Bischof Johannes feierlich vorgenommen ward unter vielen Zeichen und Wundern. (Baron. ad Mart. Rom. 3. Aug.) So erzählt uns Ambrosius, wie ihm in gleicher Weise die Auffindung der Leiber der heiligen Martyrer Gervasius und Protasius zu Mailand auf eine wunderbare Erscheinung derselben hin gelang, und sagt darüber: „Fürwahr, der Herr schaut auf das Niedrige! Er offenbarte Seiner Kirche die unter niedrer Rasendecke verborgenen Reliquien dieser Heiligen. Ihre Seele war im Himmel, ihr Leib in der Erde: Er hob aus dem Staub die Geringen, richtete auf aus dem Koth die Armen, um neben Fürsten sie zu setzen, neben die Fürsten Seines Volks." (cp. 85. ad sor.) Ist diese Erhebung ihrer Reliquien den Heiligen schon eine Vorfeier ihrer Auferstehung, so ist ihnen deren durch die christlichen Zeiten fortwährende, nur durch Wunder Gottes zu begreifende Erhaltung, nur durch Gnade Gottes bewirkte Verehrung in der Kirche schon ein Vorgenuss des ewigen Lebens, selbst in ihrem Leib. Ist das nicht, was der heil. Johannes in der geheimen Offenbarung (20, 4. 5) „die erste Auferstehung" nennt, nach welcher die Heiligen „mit Christo leben und herrschen tausend Jahre"? Hinwieder ist diese „tausendjährige" Erhaltung und Verehrung der heiligen Reliquien in der Kirche Gottes, mit der ganzen Ernte von Heils- und Segensfrüchten, die daraus erwachsen, den Gläubigen ein untrüglicher, auf Gottes waltende Obhut über Seine Kirche sich stützender Beweis für die Echtheit und wirkliche Heiligkeit dieser Reliquien. Wir verschmähen darum doch nicht die historischen Beweise und deren Nachweis, und das kirchliche Lehr- und Hirtenamt führt denselben bei Auffindung der heiligen Reliquien immer mit Wächtertreue: aber der durch die katholischen Generationen geflossene Strom der religiösen Ueberlieferung und Uebung der Verehrung gewährt uns einen Beweis viel höherer und sicherer Art, welcher an die Gewissheit des Glaubens grenzt und der Selbstbeweis der heiligen Reliquien heissen kann. Dieser traditionelle, empirische, liturgische Selbstbeweis gilt im höchsten Grad für die Reliquien im Liebfrauen-Münster zu Aachen, wie für die gleicher Herkunft in der ehemaligen Benediktiner-Abtei zu Korneli-Münster, für welche alle auch der historische

Beweis so genügend geführt ist, wie man es in Dingen von solchem Alterthum verlangen kann, zuletzt in den mit Fleiss und Urtheil gesammelten und erörterten „Geschichtlichen Nachrichten über die Aachener Heiligthümer" von Dr. Floss.

6. Die Eigenthümlichkeit dieser Aachener Heiligthümer besteht darin, dass sie hauptsächlich heilige Gewänder, nicht heilige Leiber oder Gebeine sind. Obwohl nun sonst die heil. Leiber und Gebeine Reliquien höherer Art sind als die heil. Gewänder, indem die Heiligkeit und Kräftigkeit von erstern erst auf letztere überfliesst, so stehen doch die Gewänder des Aachener Heiligthums höher als alle Heiligenleiber, weil sie nämlich Christo dem Herrn selbst und seiner Mutter Maria angehören. Nach der glorreichen Auferstehung und Himmelfahrt, die wir vom Herrn Jesu aus der katholischen Glaubenslehre und von der Jungfrau Maria aus der katholischen Ueberlieferung wissen, ist kein Leibestheil von ihnen der Erde geblieben, ausser den Blutspuren des Heilands und den Haaren der Hochgebenedeiten. Also sind ihrer Beider Kleider und Geräthe sammt den Werkzeugen Seines Leidens die einzigen Ueberbleibsel, die wir von ihnen haben; denn der heiligste Frohnleichnam Christi ist keine Reliquie, sondern der lebendige leibhafte Gottmensch selbst unter fremden und leblosen Gestalten. Nach diesem lebendigen Leib des Gottmenschen selbst aber, dem Quellbrunnen aller Gnade und alles Heils für die Menschen, Seine Brüder, hat die Erde nichts Heiligeres und Kräftigeres, als Alles was von Demselben in Seinem irdischen Wandel berührt und gebraucht ward; und diesem zunächst steht, was seiner heiligsten und hochgebenedeiten Mutter hienieden gehörte und diente. Nun kann keine Kirche der Welt, auch keine zu Rom, sich einer so reichen Sammlung von Reliquien Christi und Mariä freuen und rühmen, wie der Liebfrauen-Münster zu Aachen. Nicht mit Unrecht hat man sein Heiligthum die „Kleiderkammer" des Herrn genannt, weil es die Kleidung aufbewahrt, „die den Heiligen aller Heiligen im Mutterschooss, im Stall und am Kreuz bedeckte," wie der alte Hymnus sagt *):

„Schatz, dem keiner zu vergleichen, / Der das Kleid der ehrenreichen / Jungfrau Mutter in sich trägt; / Und dann die armen Windlein, / Die das süsse Jesuskindlein / In der Krippe eingehegt;

„Und das Tuch, worein des hehren / Täufers Christi Blut, zu Ehren / Des Gesetzes Gottes, floss; / Endlich das Gewand, das rothe / Von dem Blut, das Christ im Tode, / Damit eingehüllt, vergoss:

„Kleiderkammer, sei gegrüsset, / Die des Gottmanns Blöss' umschliesset, / Wo der Mutterschooss Ihn hält, / Ihn des Stalles Kripp' umfanget, / An des Kreuzes Holz Er hanget, / Wo das Haupt im Gliede fällt."

---

*) O vere Sanctuarium, Sanctum Sanctorum omnium In utero, in stabulo Tegens et in patibulo.

XXXI

Zu dieser Kleiderkammer Christi, dem sogenannten „grossen Heiligthum", gehören noch aus dem sogenannten „kleinen" die beiden Gürtel des Herrn und Seiner Mutter, sammt einem Stück von Seinem Schweisstuch, dem ein durch Karl den Kahlen von hier nach Compiegne gebrachtes Stück von ihrem Schleier entsprach; sodann die Leidenswerkzeuge des Herrn, Stücke von seiner Dornenkrone und von seinem Kreuz, von einem Nagel der Kreuzigung und von einem Strick seiner Fesselung, vom Schwamm, woraus Er mit Gall und Essig getränkt, und vom Rohr, mit dem als Scepter Er verspottet ward. Besser aber hat der alte Hymnus diese Kleiderkammer „wahres Heiligthum" genannt, wegen ihrer ununterbrochenen Bezüge auf den lebendigen Leib des Herrn und seiner Mutter. Wie haben die frommen und weisen Alten diese Gewänder gefeiert wegen ihres lebenskräftigen Zusammenhangs mit des Herrn und Seiner Mutter Leib. Noch haben wir über drei dieser Gewandstücke, das Kleid und den Gürtel der seligsten Jungfrau und die Windeln des göttlichen Kindes, drei Reden von griechischen Kirchenschriftstellern, dem Bischof Andreas von Kreta, dem Mönch Euthymius und dem Patriarchen Germanus, aus der vorkarolingischen Zeit, wo jene heiligen Pfänder noch zu Konstantinopel ruhten. Diese Reden sind ein begeistertes Zeugniss für jene Kraft der Heiligung und Wunderwirkung, die wir oben an den heiligen Reliquien erkannt haben. Insbesondere wird in jener ersten Rede das Marienkleid verglichen mit einem Salbengefäss, welches den Wohlgeruch behält und verbreitet, auch nachdem das Salböl ausgegossen worden: imgleichen sei dem heiligen Kleid auch die Gnade und Kraft des Leibes, der den Ursprung unseres Heils erzeugte, geblieben, verkündend die Macht der Jungfrau, die es getragen. Wie lebhaft empfindet dies noch heut das katholische Volk, wann seinen harrenden Augen von der Höhe des Thurms die heiligen Gewänder sich zeigen! Das ist mehr als eine Erinnerung, mehr als eine Abbildung; es ist eine Erscheinung, es ist eine Vergegenwärtigung. In zwei Gestalten pflegt die Kirche uns unsern Herrn und Heiland darzustellen, als Kind auf Seiner Mutter Arm, als Gekreuzigten über Seiner Mutter Haupt: in diesen beiden Gestalten tritt der Herr uns hier in Seinen Gewändern vor. Wenn das Jungfrauenkleid, vom Hauch der Luft getragen, wie eine Lilienfahne hernieder weht, erfasst alle

Zuschauer Entzücken, als wenn die Jungfrau aller Jungfrauen vom Himmel herab auf die Zinne ihres Tempels schwebte; und erblicken sie darauf die zusammen gefalteten Windeln des Jesuskinds, so durchschauert es sie, als wenn das göttliche Kind, wie ein Lichtstrahl aus dem Schooss Seiner unversehrten Mutter hervorgegangen, auf ihren Armen an ihre Brust lehnte. Da „offenbart sich die Güte und Menschenliebe Gottes, unseres Seligmachers!" (Tit. 3, 4.) Dann zeigt sich das vom Blut des heiligen Vorläufers zusammen klebende Tuch, wie der Finger, der hinweist auf das Lamm Gottes, welches kommt, um hinwegzunehmen die Sünden der Welt; er legt sein abgeschlagenes Haupt dem Erhöhten zu Füssen, Der Alle an Sich ziehen will. Wann endlich das rauhe Kleid, das des Gekreuzigten Blösse verhüllte, noch getränkt vom Blut der Erlösung, mit welchem sich der Schweiss des Todes und das Wasser der Brustwunde vermischte, in Kreuzesform über Alle erhoben wird, neigen sich alle Herzen in Zerknirschung und Dankbarkeit, beugen sich alle Häupter in Anbetung und Lobpreisung vor dem Gekreuzigten, Der Allen vor Augen steht, wie Er die Arme ausstreckt, um Alle zu segnen. Da offenbart sich die Gerechtigkeit und die Barmherzigkeit Gottes, „Gott in Christo, die Welt versöhnend mit Sich selber!" (2. Kor. 5, 19.) In dieser Anbetung verschwindet die Armuth des Geborenen und das Web des Gestorbenen; die Herrlichkeit und Seligkeit des Auferstandenen und Aufgefahrenen wird sichtbar; es ist wie Christi Wiederkunft zwischen Maria und Johannes, in den Wolken des Himmels auf dem Regenbogen, wo das Licht vom Licht im Goldgewand der Mutter und im Purpurkleid des Zeugen widerstrahlt, nicht um schon die Welt zu richten, sondern um die Welt zu retten durch einen neuen Ausguss von Segen und Heil. In die Hallen des Gotteshauses eingetreten, finden wir in den heiligen Gewändern von Neuem den Herrn an Seiner Mutter Seite, geschmückt mit den Werkzeugen Seines Leidens, in Mitte zwischen Seinen Propheten Zacharias, Simeon und Johannes, und Seinen Aposteln Petrus, Thomas und Bartholomäus, Seinen Martyrern Stephanus, Felix, Blasius und Anastasius, denen sich die heiligen Jungfrauen und Martyrinnen Katharina und Agnes, Martina und Christina mit der Schaar der heil. Ursula anschliessen. Zuletzt grüssen wir noch den heil. Karl, der mit seinem durch die Jahrhunderte fortschallenden Hornesruf uns zu dieser Feier geladen und mit seinem starken Arm diese Heiligthümer geschützt hat. Zum Lohne seines Glaubenseifers haben der König und die Königin der Heiligen seinen Gebeinen die Ruhe im Frieden ihres Heiligthums gewährt, wo sein Freund, der heil. Papst Leo III., und seine Nacheiferer, der heil. König Stephan I. von Ungarn und dessen heiliger Sohn König Emmerich, sich dem grossen Kaiser beigesellt haben.

7. Zum Schluss noch ein Wort über die nachfolgende Abhandlung, zu der wir diese Einleitung geschrieben. Bekanntlich wurden in der christlichen Urzeit und im frühen Mittelalter die heiligen Reliquien in kunstreich gewebten und gestickten Hüllen von Sammt- und Seide- und Goldstoff in eben so kunstreich und kostbar gefertigten Schreinen oder Laden aufbewahrt. Im spätern Mittelalter aber, ungefähr um die Zeit, wo bei Einsetzung des Frohnleichnamsfestes der sakramentalische Frohnleichnam Christi in goldenen mit Edelsteinen besetzten, in christlichem Baustyl kunstvoll gearbeiteten Ostensorien oder Monstranzen auf Tabernakelsthronen ausgestellt und in Prozessionen umher getragen zu werden begann, wurden auch die hh. Reliquien, die in so innigen Beziehungen zum heiligsten Frohnleichnam stehen, in gleichartigen Schaugefässen und in prachtvollen Altarschreinen aufgestellt. Der Reichthum und die Kunst sowohl jener Gewandungen als dieser Gefässe und der Schreine geben Zeugniss von der gläubigen Liebe unserer Vorfahren zu den heiligen Schätzen unseres Kultus. Leider sind diese wunderschönen Gebilde der christlichen Vorzeit grossentheils, sogar vielfältig mit ihrem heiligen Inhalt, verschwunden, zuerst vor dem neuen Heidenthum, das seit dem 15. Jahrhundert mit der so fälschlich sogenannten Renaissance in Wissenschaft und Kunst einbrach, Geist und Form beherrschend, und die christlichen Kunstgebilde durch heidnische verdrängend; hiernach vor den Stürmen der kirchenfeindlichen Kriege im 17. und der antichristlichen Umwälzungen im 18. Jahrhundert, welche die Kirchen und Klöster schleiften und ihre Schätze plünderten; wie auch Aachen während der französischen Revolution mit so vielen Klosterkirchen eine Menge unschätzbarer Reliquien eingebüsst hat. Dem Schutz der Himmelskönigin und ihres Dieners Karl verdankt der Aachener Münster das Glück, mit seinen Heiligthümern auch die alten Einfassungen und sogar einen

kleinen Rest von den noch älteren Umhüllungen bewahrt zu haben; so dass in doppelter Hinsicht sein Heiligthumsschatz einer der reichsten der Welt ist, worin die christliche Kunstgeschichte von Kaiser Lothar I. an bis auf Kaiser Karl V. sich in Opferspenden fürstlicher Frömmigkeit ausgeprägt hat. Da erst die jüngste Zeit das Verständniss für diese christlichen Kunstgebilde sich wieder angeeignet, so begreift es sich, dass bisher in den Verzeichnissen der hiesigen Reliquien für die Würdigung der Gefässe nichts geleistet worden, und namentlich die üblichen Abbildungen keine Vorstellung von den Originalen zu erwecken vermochten. Diese empfindliche Lücke wird würdig ausgefüllt durch nachfolgende archäologisch-artistische Beschreibung und die beigegebenen Abbildungen, die meisterhaft und so treu, als es ohne die versagte Hülfe der Photographie möglich war, gezeichnet sind. Der Verfasser, unser wackerer Landsmann, Dr. Fr. Bock, für christliches Alterthum und christliche Kunst so begeistert und thätig, als darin bewandert und kundig, besonders auf dem Gebiet der Gewänder und Gefässe, hat mit diesem Büchlein unserm ehrwürdigen Liebfrauen-Münster, worin er noch als Vicariolus gesungen, einen Beweis seiner religiösen Verehrung abgelegt. Seine katholischen Mitbürger wollen gewiss ihm diese fromme Absicht so dankbar anerkennen, als die Freunde und Kenner christlichen Alterthums und christlicher Kunst das Verdienst seiner Forschungen und Leistungen werden zu würdigen wissen.

Aachen, am Tag der Heimsuchung Mariä 1860.

† **J. Th. Laurent,** Bischof von Chersones i. p. i.

Nro. 1. Reliquiar,

enthaltend den ledernen Gürtel des Heilandes, in einem geschliffenen Krystallgefäss.
XIV. Jahrhundert.

Höhe 26''' (690 Millimeter), Durchmesser des Fusses 8" 6''' (222 Mm.)

Die ältesten und ehrwürdigsten Reliquien Aachens, die unter Karl dem Grossen und seinen nächsten Nachfolgern grösstentheils aus Byzanz und dem Orient in die Kaiserpfalz gelangten, sind aller Wahrscheinlichkeit nach, eingehüllt in kostbare gemusterte Seidenstoffe, wie sich deren noch viele in unserm Schatze befinden, gesendet worden und wurden ebenso wahrscheinlich am Orte ihrer Bestimmung anfänglich in diesen ursprünglichen Einhüllungen belassen, mit der Zeit aber in grösseren Schreinen so aufbewahrt, wie es bis zur Stunde noch mit den sogenannten grossen Reliquien der Fall ist, deren Behälter dem XII. Jahrhundert angehört.

Eine Menge technischer Einzelnheiten weist nun aber darauf hin, dass der in Rede stehende Reliquienbehälter einer viel späteren Zeit angehört, welcher noch viele der hier beschriebenen Prachtgefässe ihre Entstehung zu danken haben. Es ist jene Periode der Regierungszeit Kaisers Karl IV., dessen Mutter aus dem alten böhmischen Herzogs-Geschlecht der Przemysliden herstammte und als Erbin Boehmens mit Johann von Luxemburg vermählt war.

Beider Sohn, König Karl IV. von Böhmen und seit 1347 erwählter römischer Kaiser, war im Geiste seiner Zeit ein leidenschaftlicher Sammler von kostbaren Seltenheiten, namentlich aber von Reliquien. Zur Ausstattung seiner Lieblingskirche St. Veit in Prag, die er zu einem Metropolitanstift hatte erheben lassen, sammelte er unermüdlich im ganzen Abendlande die seltensten Reliquienschätze, die er nach seiner Rückkehr in die Moldaustadt, das böhmische Rom, in kostbare Gefässe einfassen und dem Schatz dieser Kirche übergeben liess. Die ausführlichen Schatzverzeichnisse aus dem XIV. Jahrhundert im Archive von St. Veit, deren Benutzung uns zuvorkommend gestattet wurde, bestätigen diese Angabe. *Peschina de Chechorod* zählt in seinem Werke: *Phosphorus septicornus*, worin er die Grösse und Herrlichkeit der Prager Metropole in den Tagen ihres Kaiserlichen Gönners beschreibt, in langer Reihe jene Reliquien auf, die Karl IV. während seiner Regierungszeit sowohl in Deutschland wie in Frankreich und Italien gesammelt hatte *). Unter diesen werden auch viele Reliquien angeführt, die der ebengedachte Kaiser von dem Stifts- und Krönungskapitel in Aachen aus dem dortigen Schatze zum Geschenk erhielt. Bei der auffallenden Formverwandtschaft, die mehrere Reliquiengefässe des heute sehr zusammengeschmolzenen Domschatzes von Prag mit denen des Aachener Münsters besitzen, liegt die Vermuthung nahe, dass manche Ostensorien des Aachener Schatzes als Geschenke von dem kunstsinnigen Luxemburger herrühren. Karl IV. würde bei einer solchen Gebefreudigkeit gegen den Schatz der alten Krönungskirche zu Aachen nicht nur dem aneifernden Vorgange seiner Vorfahren auf dem Stuhle des grossen Ahnherrn gefolgt sein, sondern es dürften diese Geschenke auch als Kaiserliche Gegengabe für jene Theile von Reliquien zu betrachten sein, die er aus Aachen erhielt.

In den Tagen Carls IV. darf demnach wohl der Zeitabschnitt zu suchen sein, wann viele der alten Aachener Reliquien ihre Einfassung in besondere Gefässe gefunden haben. Jedenfalls gehören mehrere jener Gefässe, in denen sich ein Theil der sogenannten kleinen Reliquien befindet, dem XIV. Jahrhundert an und sind die Reliquien offenbar um diese Zeit translocirt worden, je nachdem ein fürstlicher oder anderer Geschenkgeber ein kostbares Gefäss dem Aachener Schatze zuwandte, wie wir es von Ludwig von Ungarn, Ludwig von Frankreich und Karl IV. wissen. Auch ist es bekannt, dass um dieselbe Zeit, vielleicht eben weil die Reliquienschätze durch die neuen Fassungen der Verehrung des Volkes weit zugänglicher geworden, die Zahl der Pilger zu den Reliquien und Kleinodien des Liebfrauen-Münsters

---

*) Im Auftrage der K. K. Central-Commission haben wir ausführlich die vielen Prachtwerke und kunstvollen Reliquienbehälter von St. Veit beschrieben und von befähigter Künstlerhand abbilden lassen. Die Veröffentlichung dieser Arbeit mit vielen Illustrationen wird wahrscheinlich im nächsten Jahre im Jahrbuch der gedachten Central-Commission erfolgen.

zu Aachen bedeutend zugenommen hat, wozu die seit Einführung der Frohnleichnams-Prozession besonders in kirchlichen Brauch gekommenen feierlichen Herumtragungen von Reliquien in kostbaren Schaugefässen ebenfalls einen bedeutenden Antheil mögen gehabt haben, gleichwie diese grössere öffentliche Verehrung andererseits vornehme und reiche Gläubige zur Anfertigung von kostbaren Votivgefässen veranlasst haben wird.

Was nun die Komposition und künstlerische Beschaffenheit des in Rede stehenden Reliquiars betrifft, so ist nicht zu bezweifeln, dass es zwar in seiner Gesammtanlage wie in seinen einzelnen Formen einfacher als die meisten andern im Aachener Schatz gehalten ist; dennoch trägt es das charakteristische Formengepräge der Goldschmiedekunst des XIV. Jahrhunderts und zählt zu jener Reihe von Reliquiengefässen, die wir weiter unten (Nr. 2, 3, 4, 6, 19 und 20) näher besprechen werden. Das vorliegende Schaugefäss hat zum Unterschiede von allen übrigen einen kreisrunden Fuss ohne Einschnitte und sind, um die Eintönigkeit der grossen Fläche dieses Fussstückes zu unterbrechen, theils zwei grosse geschnittene Steine mit kräftigen Fassungen auf der Oberfläche desselben angebracht, theils laufen von den Kanten des sechsseitigen Ständers leichtvorspringende nichtornamentirte und unmerkbar in die Fläche sich verlierende Leisten bis über die Hälfte der Fussscheibe, ohne jedoch die Form des Randes zu beeinflüssigen. Aus der Mitte dieses Fusses erhebt sich der sechsseitig gebaute Ständer, der von einer reich gegliederten, durch zwei ineinandergearbeitete Sechsecke zum Zwölfeck gestalteten Handhabe (90 Mm. im Durchmesser) angenehm unterbrochen wird. Die sechs kleineren Spitzen dieses Knaufes tragen Edelsteine, die sechs grösseren sind dem Inhalt des Gefässes, der heil. Reliquie des Herrn, entsprechend mit sechs Ecce-Homo-Köpfchen in farbigem Schmelz versehen. Dieser Schaft (mit Fuss und Schluss 230 Mm. hoch) erweitert sich in einen ebenfalls im Sechseck konstruirten blumenkelchartigen und durch ornamentirte Bogenwiderlagen verstärkten Sockel, der, in eine Kreisfläche endend, dazu dient, ein kostbares umgekehrt kegelförmiges ohne Facetten geschliffenes Krystallgefäss nebst kuppelförmigem Deckverschluss von demselben Material (zusammen in der Höhe von 220 Mm. und in der Breite von 120 Mm. unten und 128 Mm. oben) aufzunehmen. Ueber den Deckel laufen vier ornamentirte Metallbügel, welche eine im Viereck gebaute kleine 35 Mm. im Durchmesser haltende und 218 Mm. hohe thurmförmige Krönung tragen. Dieser kleine zierliche Aufbau hat unter dem Baldachin mehrere Statuetten von Heiligen. Von diesen schwer zu enträthselnden Bildern stellt eines einen Märtyrer mit der Palme, eins einen Bischof dar, zwei scheinen Apostelbilder zu sein. Alle tragen in einer Hand ein Buch. Auf den vier Spitzgiebeln, welche den Baldachin umgeben, sitzen vier äusserst zierlich gearbeitete Engel mit musikalischen Instrumenten, von denen jedoch eines abgebrochen ist. Das Innere des Baldachins füllt ein prachtvoller Lasurstein (*lapis lazuli*) von ungefähr 80 M. Höhe und die Spitze des ganzen Baues wird von einem

1*

Kruzifix gekrönt, neben welchem auf armleuchterartig abstehenden Trägern die Figuren der sogenannten Passionsgruppe, Maria und Johannes, stehen. Prof. Dr. *Floss* bemerkt bei Beschreibung der carolingischen Reliquienschätze in seinem Werke über die Aachener Heiligthümer, wo er den ledernen Leibgurt des Herrn bespricht, dass er ungeachtet sorgfältiger Nachforschungen keine genauen geschichtlichen Angaben über die Herkunft dieser seltenen Reliquie bei älteren Schriftstellern habe ausfindig machen können. Wir machen nur noch darauf aufmerksam, dass der schmale, etwa $1/2$—$3/4$" breite Gürtel mit einem grossen über zwei Zoll langen fast $1/2$ Zoll dicken länglich-runden vielfach abgenutzten und auf hohes Alter deutenden Siegel versehen ist, auf welchem man deutliche Spuren eines Brustbildes in der Vorderansicht in griechischer Priesterkleidung erkennt. Die Tradition leitet dieses Siegel vom ersten christlichen Kaiser Constantin her.

Nro. 2. Reliquienmonstranz,

enthaltend in einem Krystallgefäss einen Theil des Strickes, mit welchem der Heiland gefesselt wurde. Einfassung in vergoldetem Silber, XIV. Jahrhundert.

Höhe 21" 2"' (555 Mm.), Durchmesser des Fusses 8" 1"' (211 Mm.).

Abgesehen von der grossen Stylverwandtschaft, die dieses Schaugefäss durch seine vorherrschend geometrale Ornamentirung mit der grösseren Reliquienkapelle unter Nro. 20 zeigt, hat dasselbe auch einige Aehnlichkeit der Form mit dem Reliquiar unter Nro. 4, das den Gürtel der allerseligsten Jungfrau enthält.

Es unterliegt keinem Zweifel, dass beide ungefähr aus derselben Zeit stammen und der zweiten Hälfte des XIV. Jahrhunderts angehören; jedoch zeigt das Gefäss unter Nro. 4 einen vorherrschend vegetabilischen Charakter, das in Rede stehende aber eine sehr ausgeprägte konstruktive Gestaltung.

Unzweifelhaft ist es ferner, dass die kostbare Reliquie, welche in diesem Gefäss enthalten ist, ferner die Ueberbleibsel vom Gürtel der allerseligsten Jungfrau, sowie die in den Behältern unter Nr. 1, 3 und 4 enthaltenen Reliquienschätze, sammt den sogenannten grossen Reliquien des Aachener Schatzes, welche höchst wahrscheinlich schon seit den Tagen Karls des Grossen und seiner nächsten Nachfolger dem Liebfrauen-Münster zu Aachen angehören, ursprünglich eine andere Einfassung und Bewahrung gehabt haben, wie bereits in der vorhergehenden Beschreibung behauptet wurde. Nach Durchforschung einer grossen Zahl von kirchlichen Kunst- und Reliquienschätzen des christlichen Abendlandes glauben wir hier die kaum noch gewagte Vermuthung aussprechen zu dürfen, dass die hervorragendsten und ältesten Reliquien des Aachener Schatzes, die an Karl den Grossen und die älteren Kaiser als Geschenke aus dem Orient übersandt wurden, wie gewöhnlich in morgenländischen Reliquienhüllen von schweren vielfach gemusterten Seidenstoffen, die in älteren Schatzverzeichnissen *bursae* und *involucra sericea* genannt werden, nach Aachen gelangten und hier in den ursprünglichen Einhüllungen einige Jahrhunderte hindurch ehrfurchtsvoll aufbewahrt wurden. Es hat aber alle Gewähr für sich, dass jene gemusterten Seidengewebe von hohem Alterthume, die vor wenigen Jahren an unbeachteter Stelle, in Bündel zusammengerollt, wieder aufgefunden worden sind, eben jene ursprünglichen Umhüllungen gewesen seien. Ja, es befindet sich sogar noch ein vielleicht zu diesem Zweck bestimmt gewesener orientalischer Beutel von dünnem geprägtem Leder mit prachtvoller Vergoldung, sowie ein anderer in gemustertem Seidenstoff im Schatze unserer Münsterkirche, welche an die Beutel erinnern, die zur Versendung von Fermanen noch heute im Orient gebräuchlich sind.

Kehren wir nach diesen allgemeinern Andeutungen zu einer kurzen Betrachtung der künstlerischen Gestaltung des in Rede stehenden Reliquienbehälters zurück, so bemerken wir zunächst, dass, gleichwie der Fuss des unter Nro. 4 beschriebenen Gefässes im Sechseck mit zugespitzten Rosenblättern angelegt ist, — so hier der Fusstheil, durch Ineinanderschiebung eines Kreuzes in ein Viereck, das letztere mit spitzen, das erstere mit dreitheilig abgerundeten Winkeln sich zum Achtek bildet, das auf seiner oberen Fläche mit acht grossen erhaben gefassten Edelsteinen verziert wird, worunter 4 ungeschliffene, 3 Gemmen und 1 Kamee sich befinden. Der Schaft ist im Viereck mit vorliegender Fläche gestaltet und zeigt eigenthümlicher Weise als Handhabe (*pomellum, manubrium*) einen sternförmig viertheiligen architektonischen Anbau von durchbrochenen Baldachinen mit Zinnenbekrönungen und Dachhelmen, die ehemals die Bestimmung gehabt zu haben scheinen, kleinere sitzende Heiligenbilder oder, wie andere glauben, Reliquien aufzunehmen. Den zwölfseitig geschliffenen, im Innern als Cylinder ausgebohrten Reliquienbehälter aus Bergkrystall umstehen im Quadrate vier Fialen, die durch doppelte reichverzierte Streben mit dem oberen Aufsatz des Reliquiars in Verbindung gebracht sind. Den krystallenen Behälter umfasst am Fusse ein reich mit Perlen und Edelsteinen verzierter Metallrand im Zwölfeck.

Der obere Deckverschluss gestaltet sich wie bei den meisten Schaugefässen dieser Art zu einem, auf dem Krystalldeckel ruhenden thurmförmigen Baldachin, der, in schräger Kreuzform konstruirt, mit einer Menge von Fialen und Giebelfeldern umstellt ist und oben mit einem Dachhelme endet. In der ganzen Anordnung des Grundrisses wechseln die fünf Vierecke in der Kantenund Seitenstellung mit einander ab. Der oberste Grundriss des Baldachins ist im schrägen Kreuz mit stark vorspringenden Pfeilern gestellt, um das Bildniss des Herrn in der Vorderansicht sehen zu können, wodurch das Gefäss seine richtige Orientirung findet, so dass das gerade Kreuz im Fuss mit dem schrägen Kreuz des Baldachins alternirt. Die Kreuzblume desselben wird, wie sämmtliche übrige Fialenspitzen, von grossen durchbohrten Perlen abgeschlossen. Unter dem Baldachin steht der Heiland an hoher Geisselsäule gebunden, ähnlich wie es auf einer der kostbaren Emaillirungen dargestellt ist, welche das unter Nr. 3 beschriebene scheibenförmige Reliquiar mit dem Schwamme des Herrn schmücken.

Nro. 3. Hierothek

in Kreisform mit einer Reliquie vom Schwamme des Herrn und mehreren anderen Reliquien unter Krystallverschluss; aus vergoldetem Silber mit vielen figuralen Schmelzwerken. XIV. Jahrhundert.

Grösste Höhe 19" 11"' (520 Mm.), Durchmesser der Scheibe 12" 3"' (320 Mm.), Länge des Fusses 12" 3"' (320 Mm.), Breite des Fusses 6" 6"' (170 Mm.).

Es gibt heutigen Tages nur noch wenige Kirchenschätze im Abendlande, welche Reliquiengefässe in so reicher Abwechselung und von so eigenthümlichen Formen aufzuweisen haben, wie der Schatz der Stifts- und Krönungskirche „Unserer lieben Frau" zu Aachen. Die meisten der verschiedenen Arten von Reliquiarien, die rubrikenmässig von älteren Schatzverzeichnissen aufgeführt werden, sind hier in kunstreicher Form und in kostbarem Material vertreten. In den Inventarien der Kirchenschätze des XIII. und XIV. Jahrhunderts findet man zahlreiche Reliquienbehälter verzeichnet, die die Namen *tabula reliquiarum, lipsanotheca* oder *hierotheca* führen. Dieselben waren in der Regel quadratisch länglich oder überhaupt viereckig gestaltet und hatten meistens die Form einer Tafel mit stark vortretender Einrahmung in edlem Metall. Solche *tabulae reliquiarum*, im Viereck gehalten, findet man heute noch in

reichen Formen im Domschatz zu Limburg, in St. Matthias zu Trier, im Schatz des Domes zu Prag und in der Sakristei der Metropolitankirche zu Gran*). Diese Tafeln, welche vom X. bis zum XIV. Jahrhundert reichen, zeigen auf der innern Fläche kleine Vertiefungen (*locelli*), in der Regel mit Scheiben von Bergkrystall verschlossen, worin Reliquien von verschiedenen Heiligen ersichtlich sind. Die Mitte einer solchen von kostbaren Fassungen umgebenen Tafel ist gewöhnlich mit einem in ornamentaler Weise kunstreich ausgestatteten einfachen oder Doppelkreuze versehen, welches dazu dient, Reliquien zu umschliessen, die mit der Person des Herrn in nächster Beziehung standen.

Zu diesen *tabulae reliquiarum* ist auch der vorliegende Behälter zu rechnen, nur mit dem Unterschiede, dass er kreisförmig gestaltet ist. Aehnlich den vorhin gedachten Reliquientafeln ist derselbe in seiner innern Vertiefung durch ein Ornament in Kreuzesform in vier Theile getheilt. In den vier Querbalken dieses griechischen Kreuzes hat der Goldschmied zweckmässig in Vertiefungen mit runden Krystallpasten die kleinen Reliquien hinterlegt, die durch Inschriften näher bezeichnet werden. Im oberen Balken ist ein Dorn von der Dornenkrone **) eingefasst. Im unteren befinden sich Gebeine des heiligen Zacharias, des Vaters des heiligen Johannes des Täufers; im rechten Kreuzbalken Haare des Apostels Bartholomäus und in dem linken zwei Zähne des Apostels Thomas.

Die vorzüglichste Reliquie jedoch ist in dem kreisförmigen mittleren Behälter aufbewahrt, von welchem die vier Kreuzarme ausgehen; eine lateinische Inschrift auf der äusseren Umrandung nennt dieses ziemlich umfangreiche Heiligthum „*de Spongia Domini*", einen Theil vom Schwamme, womit der Heiland am Kreuze getränkt worden. Den reichsten äussern Schmuck erhält das in Rede stehende formschöne Reliquiar durch vier grössere Medaillons, die in den vier Winkeln eingelassen sind, welche durch die Kreuzesform gebildet werden. Diese Medaillons, in sechsblätteriger Rosenform gehalten, zeigen auf blau emaillirtem Tiefgrunde in vielfarbigem durchsichtigem Flach-Schmelz (*émail translucide*) die vier folgenden Darstellungen aus der Leidensgeschichte des Heilandes, nämlich oben rechts die Geisselung, oben links die Kreuzigung, unten links die Abnahme vom Kreuz, unten rechts die Auferstehung. Diese trefflich ausgeführten durchsichtigen Schmelzwerke dürfen sowohl in der Composition wie in der Ausführung als die gelungensten im Aachener Schatze betrachtet werden. Auch in der äusseren

---

*) Vgl. die Abbildung und Beschreibung dieser merkwürdigen griechischen Reliquientafel mit Zellen-Schmelz (*émail cloisonné*) in unserer Abhandlung „Der Schatz der Metropolitankirche zu Gran in Ungarn", im III. Jahrbuch der K. K. Central-Commission zur Erhaltung der Baudenkmäler.

**) *De ligno dni* in gothischer Minuskelschrift. Die Tradition in der Münsterkirche nimmt diese Reliquie für einen Theil eines Dornes von der Dornenkrone des Herrn, die Ludwig der Heilige nach Frankreich gebracht. — Die anderen lateinischen Inschriften lauten: *de capill' scti Bartholomei. Dens scti Thome apostoli. de osse Zachar. pris bi iohis bip.*

kreisförmigen Einfassung der Scheibe stehen kreuzförmig geordnet vier Täfelchen, welche, von architektonischem Maasswerk eingefasst, die vier Thiersymbole der Evangelisten in leuchtenden Schmelzfarben darstellen. Diese vier Emailblättchen wechseln ab mit quadratischen Abtheilungen, welche entweder halberhaben getriebene Verzierungen von stylisirtem Laubwerk enthalten oder durch den Schmuck von gefassten Edelsteinen oder Perlen von ungewöhnlicher Grösse gehoben werden. Von nicht geringem Interesse ist die reiche getriebene Arbeit in Silberblech, womit die hintere Seite dieser Reliquienscheibe ausgestattet ist. In der Mitte der Scheibe ersieht man in einem Medaillon ein *Agnus Dei*, das in halb erhabener Arbeit von einem Kranze von stylisirten Traubenranken umgeben wird. Jedenfalls ist mit Absicht das *agnus occisionis*, das zur Schlachtbank geführt seinen Mund nicht aufthat, in Beziehung gebracht worden zu dem duldenden Gottmenschen, der am Kreuze vermittels des Schwammes mit Myrrhe und Essig getränkt wurde. Das umfangreiche Ueberbleibsel der *spongia Christi* befindet sich auf der Vorderseite, diesem *agnus Dei* gerade gegenüber.

Die im Eingang erwähnten im Viereck gestalteten Reliquientafeln bedurften keines besonderen Fussstückes und wurden einfach auf die *mensa* des Altares an den Untersockel (*predella*) angelehnt und an Festtagen als Schmucktafeln aufgestellt. Die Rundform der vorliegenden Reliquientafel machte es jedoch nöthig, dass behufs der leichteren Aufstellung und Handhabung wahrscheinlich in etwas späterer Zeit ein besonderes Fussgestell angebracht wurde. Dieses Fussstück ist höchst einfach im Viereck gehalten und zeigt auf seiner Fläche keine Gravirung. Auf demselben erhebt sich ein kleiner Ständer mit einfachem Knauf, über welchem der Goldschmied einen phantastischen Thierkopf in energischer Ciselirung angebracht hat, der in Laubverzierungen ausläuft und auf diese Weise mit der runden Scheibe organisch in Verbindung gesetzt ist. Auch trägt dieser Ständer an seinem oberen Rande ein zwar kleines aber charakteristisches Ornament, welches an den beiden, unter Nro. 19 beschriebenen grossen Reliquiarien in ausgedehntem Masse zur Anwendung gekommen. Betrachtet man aufmerksam die vielen charakteristischen eingeschmelzten Arbeiten, die in vollständig verwandter Technik an den schönen, unter Nro. 19 beschriebenen Reliquienkapellen vorkommen; vergleicht man ferner die figuralen durchsichtigen Schmelze der vorliegenden Reliquienscheibe mit den vollständig identischen Emailarbeiten an dem unter Nro. 6 beschriebenen Reliquiar des heil. Simeon:] so wird man zu der Schlussfolgerung gelangen, dass diese drei Meisterwerke der Goldschmiede- und Schmelzmalerkunst fast in derselben Epoche angefertigt worden sind. Nach eingehenden vergleichenden Studien, die wir im Domschatze zu St. Veit in Prag und anderwärts an gleichzeitigen Meisterwerken der kirchlichen Goldschmiedekunst angestellt haben, welche urkundlich aus der Regierungszeit Karls IV. herrühren, tragen wir kein Bedenken, die Behauptung aufzustellen, dass diese drei vorliegenden Reliquiare aus den

Tagen des ebengedachten Kaisers oder, um bestimmter zu reden, aus dem dritten Viertel des XIV. Jahrhunderts herrühren. Diese Annahme wird fast zur Sicherheit erhoben durch die glaubwürdige Tradition, die den unter Nro. 19 beschriebenen Reliquienschrein als Geschenk von Karl IV. herleitet. Die beifolgende Abbildung veranschaulicht auf dem vierseitig-länglichen Fusstheile des in Rede stehenden Gefässes auch zwei in vergoldetem Silber getriebene Engelsfiguren, die vermittels Schrauben unorganisch mit demselben in Verbindung gesetzt worden sind. Diese Engelstatuetten geben sich bei näherer Untersuchung sofort als Messkännchen zu erkennen, welche dem Schlusse des XIV. oder spätestens dem Beginne des XV. Jahrhunderts angehören. Diese merkwürdigen *Ampullae* stellen sich dar als hohl getriebene Figuren, die mit liturgischen Gewändern, mit der Albe, dem Gürtel und der Pluviale bekleidet sind. Die Albe ist am Halse zusammengebunden und gestalten sich die Schnüre als Ausguss zu einer kleinen Röhre. Bei Wegnahme der sorgfältig ciselirten beweglichen Köpfchen, die mittels eines Zapfenschlosses zu Deckeln der Messkännchen verwendet sind, lassen sich die betreffenden Flüssigkeiten in die Höhlung der Figuren eingiessen. Die Flügel der Engel sind vielfarbig mit durchsichtigen Schmelzen verziert, welche in neuerer Zeit sehr geschickt nach älteren Resten wiederhergestellt wurden. Damit diese Pollen leichter gefasst werden können, hat der Goldschmied die Flügel beweglich als Handhaben eingerichtet. Jede Engelsfigur ist auf einen kleinen Sockel als Untersatz gestellt, der sechseckig in Sternform gebildet ist. Dass diese Gefässe ursprünglich als Messpollen angefertigt worden sind, vielleicht zum Gebrauche bei der feierlichen Krönungsmesse, beweisst ferner noch das Vorkommen der Majuskeln *A* und *M* (*aqua missae*?) auf dem einen und des Buchstabens *V* (*vinum*) auf dem andern, die mehrmals wiederkehrend und mit Laubverzierungen abwechselnd auf dem Sternfusse eingravirt sind[*]. Diese bezeichnenden Buchstaben für Wasser und Wein finden sich auch auf den meisten anderen Messkännchen, die uns aus dem XV. Jahrhundert zu Gesicht gekommen sind[**].

Noch machen wir auf eine emaillirte Darstellung aufmerksam, welche die *Justitia* als allegorische Figur vorstellt und unzweckmässig mit dem untern Ständer der Scheibe in Verbindung gesetzt worden ist. Diese interessante emaillirte Platte mit Schmelz auf gravirtem Tiefgrunde (Füllungs-Schmelz) gehört offenbar dem XII. Jahrhundert an und wird vielleicht eine spätere Nachforschung ergeben, von welchem Gebrauchsgegenstande dieses Ornament ursprünglich herrührt.

---

[*] Das V auf dem einen Kännchen kehrt sechsmal wieder, auf dem andern wechseln A und M miteinander ab.

[**] Eine grössere kunstgeschichtliche Abhandlung über Entstehung, Gebrauch und Beschaffenheit der Messkännchen des Mittelalters mit erklärenden Abbildungen von mehr als 50 älteren Gefässen dieser Art befindet sich unter der Presse und werden wir in dem Jahrbuch der K. K. Central-Commission zur Erhaltung der Baudenkmäler Oestreichs von 1860 diese Abhandlung veröffentlichen.

Nro. 4. Ostensorium

mit zwölfeckig geschliffenem Krystallbehälter, enthaltend eine grössere Reliquie vom Gürtel der allerseligsten Jungfrau. Einfassung in vergoldetem Silber. XIV. Jahrhundert.

Höhe 23" 5‴ (612 Mm), Durchmesser des Fusses 8" 3‴ (213 Mm).

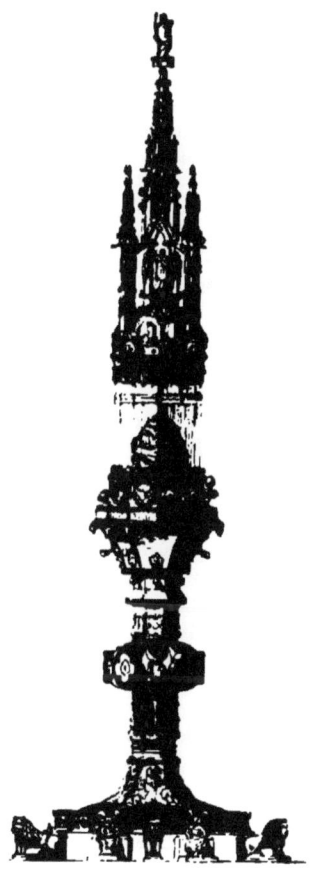

Ein gelehrter Vorgänger, Prof. Dr. Floss, hat bei Gelegenheit der vorletzten Heiligthumsfahrt vom Jahre 1853 in einem umfangreichen Werke die geschichtlich kritische Seite der vielen karolingischen Reliquien des Aachener Münsters wissenschaftlich beleuchtet und, auf Quellen gestützt, den Ursprung und das Herkommen derselben zu ermitteln gesucht. Auf Seite 124 bis 140 verbreitet derselbe sich ausführlicher über die Herkunft jenes seltenen Ueberbleibsels des leinenen Gürtels der Mutter Gottes, der in dem vorliegenden, kunstreich gestalteten Reliquiar aufbewahrt wird. Herr Dr. Floss weist nach, dass schon in den Tagen der frommen Kaiserin Pulcheria in zwei verschiedenen Marienkirchen zu Konstantinopel, nämlich in den Muttergotteskirchen der Stadttheile Chalkoprateion und Blachernae grössere Reliquien vom Gürtel unserer lieben Frau aufbewahrt und hoch verehrt wurden. Verschiedene Wahrscheinlichkeitsgründe sprechen dafür, dass mit den übrigen sogenannten grossen Reliquien des Heilandes und seiner jungfräulichen Mutter auch die in Rede stehende im Beginne des IX. Jahrhunderts als Geschenk aus dem Orient in das

Abendland gelangte und in der neuerbauten Pfalzkapelle Karls des Grossen eine würdevolle Beisetzung und Aufbewahrung gefunden habe. Da der vorherrschende Zweck dieser Blätter dahin gerichtet ist, eine kurze Beschreibung der kunstreichen Einfassungen der Aachener Reliquien nebst Abbildungen derselben zu geben, so verweisen wir Geschichts- und Alterthumsforscher auf das eben gedachte reichhaltige und gediegene Werk unseres ehemaligen akademischen Lehrers und kehren zu der uns näher liegenden Frage zurück, wann diese Reliquie unserer lieben Frau in das vorliegende formschöne Gefäss übertragen wurde. Ein nur flüchtiger Blick auf die beiliegende charakteristische Abbildung besagt deutlich, dass unser *ostensorium* sammt vieleckig geschliffenem Krystallcylinder in jenen Tagen angefertigt wurde, als die Formengesetze der Gothik vollständig und ungetheilt auch auf dem Gebiete der Goldschmiedekunst herrschten und den Zunftmeistern der Goldschmiede-Innung von ihren Vorgängern in der romanischen Kunstepoche noch die grosse Geläufigkeit und Leichtigkeit in der Technik des Treibens, Ciselirens und der Ausführung von emaillirten und niellirten Arbeiten geblieben war. Die zierliche Anlage des Gefässes in seiner Ganzheit, die fein ciselirten architektonischen Einzelnheiten, welche die Gothik kennzeichnen, wie sie unter der langen Regierung Karls IV. sich entwickelt hat, sprechen unzweideutig dafür, dass das Gefäss der zweiten Hälfte des XIV. Jahrhunderts angehört.

Der durch sechs ovale Medaillons gebildete Fuss stellt ein sternförmiges Sechseck dar, dessen ausgeschweifte Spitzen auf sechs Löwen ruhen, während in den zwischenliegenden Winkeln sechs sitzende Engel mit musikalischen Instrumenten als Träger erscheinen. Wo der Schaft allmählig aus dem Fuss sich erhebt, ist die Fläche mit einem sehr sorgfältig geschnittenen vieltheiligen Laubwerk geschmückt, woraus der eigentliche sechsseitige schlanke Ständer in streng architektonischen Formen sich erhebt. Etwas über der Mitte desselben ruht ein äusserst reich gegliederter Knauf im Zwölfeck, der die grösste Uebereinstimmung mit der Handhabe am Reliquiar mit dem Gürtel des Herrn zeigt. Im Allgemeinen bieten beide Gefässe, ungeachtet der vielen Verschiedenheiten im Einzelnen eine so genaue Uebereinstimmung in der künstlerischen Auffassung sowohl wie in den Grundrissen dar, wie es nur bei wenigen Gefässen im Aachener Schatze der Fall ist, was vollkommen zu der Annahme berechtigt, dass sie von derselben Meisterhand erfunden und gezeichnet worden. Sechs Spitzen des Knaufs sind mit Edelsteinen -- worunter zwei kostbare als Köpfe geschnittene Gemmen — die sechs anderen, im Vierblatt gebildeten, mit Schmelz verziert, welcher sechsblätterige weisse Blumen auf dunkelem Grunde darstellt. Wo der Ständer, der im Ganzen eine Höhe von 240 Mm. hat, sich gegen das Mittelstück kelchartig erweitert, sind die sechs Leisten dieses polygonen Sockels mit mehrfach gegliederten Widerlagsbogen versehen, an denen zwölf grosse Perlen in doppelter Rangordnung die vorspringenden Spitzen schmücken.

Der Fuss des Mittelstücks ist ein Zwölfeck, dessen untere Einfassung mit einem äusserst reichen Kranz von 22 Edelsteinen und Perlen umgeben ist; es wechseln hier 4 Stifte mit je 3 Perlen und 4 blaue Edelsteine in zwei Vierecken mit einander ab. Von den 4 anderen Pretiosen steht eine Gemme auf der vordern oder ersten Seite des Zwölfecks und ihr gegenüber auf der 7. Seite ein grosser blauer Edelstein, während zwei grosse Perlen neben der Gemme auf der 2. und 12. Fläche sich befinden, welche zusammen eine dritte Vierstellung bilden, was wir hier hervorheben, um die besondere Sorgfalt des Künstlers in der Anordnung der Ornamentation zu zeigen.

Das zwölfseitige Krystallgefäss mit seinem gewölbten Deckel aus gleichem Stoff hat eine Höhe von 160 Mm. und lässt die Reliquie deutlich erkennen. Mit dem Deckel beginnt ein neuer aus edlem Metall bestehender Schlussbau im Viereck, indem sitzende und musizirende Engel vier Pfeiler tragen, welche durch Strebebogen mit einem schmalen Thurmbau (212 Mm. hoch) auf der Höhe des Deckelgewölbes in Verbindung stehen, wodurch das Gefäss in der gewöhnlichen Weise nach oben sich ausgipfelt. Vier mit je einem Edelsteine geschmückte Bügel, welche über dem Deckel ansteigen, setzen die vier Strebepfeiler mit den vier Seiten des Thurmbaues nach unten, ähnlich wie die Strebebogen nach oben, in Verbindung.

Unter dem Baldachin des kleinen Thurmbaues sieht man das Bild der h. Apollonia mit der Zange in der Vorderansicht wohl als Hauptbild, sodann der h. Agnes mit Blumenzweig und Drachen und zwei Männerstatuetten. Die Fialenspitzen der vier grossen Strebepfeiler sind mit grossen Perlen geschmückt, während die Thurmspitze des Mittelbaues das Bild der allerseligsten Jungfrau trägt, die auf dem einen Arm das Jesuskindlein und mit der andern Hand ein Scepter hält.

In Betreff der Bilder in den sechs Medaillons des Fusses bemerken wir noch, dass diese Darstellungen in theilweis vergoldetem Silber flach geschnitten sind, während der umgebende Grund vertieft und mit dunkelm Schmelz ausgefüllt ist, aus welchem noch zwei Zier-Blumen im Sechsblatt, eine zu jeder Seite der Figuren, hervorragen. Das Mittelbild stellt den Heiland am Kreuze dar, dessen Antlitz allein nicht vergoldet ist; zu beiden Seiten Maria und Johannes, beide mit vom Krucifix abgewandtem Angesicht. Gegenüber dem Krucifix auf der andern Seite des Sechsecks steht eine Heilige mit einem Buche, wahrscheinlich die heilige Katharina; rechts St. Peter, links St. Paul. Das Gefäss hat ohne allen Zweifel eine Verschiebung seiner Haupttheile von ungeschickter Hand erfahren, vielleicht bei seiner Verpackung auf der Flucht zur Zeit der französischen Revolution und ist eine Herstellung der richtigen Anordnung sehr zu wünschen. Es gehören nämlich das Christusbild des emaillirten Fusses, die Gemme auf der ersten Fläche des Zwölfecks, die h. Apollonia im Baldachin und die h. Jungfrau auf der Spitze des Gefässes genau in die Vorderansicht.

Wir glauben schliesslich nichts Gewagtes auszusprechen, wenn wir unter der grossen Zahl ähnlicher Schaugefässe des XIV. Jahrhunderts, die uns in den Kirchenschätzen des Abendlandes zu Gesicht gekommen sind, dem unsrigen, was Genialität der Komposition, schönes Ebenmass der Verhältnisse und zarte Ausführung der Einzelnheiten betrifft, eine der ersten Stellen zuerkennen.

Nro. 5. Schaugefäss

in vergoldetem Silber, ein Agnus Dei und andere Reliquien enthaltend. XV. Jahrhundert.

Höhe 15″ 4‴ (400 Mm.), Fussbreite: gerader Durchmesser 4″ 11‴ (130 Mm.), Querdurchmesser: 5″ 3‴ (137 Mm.), Durchmesser der Scheibe: 4″ 5‴ (115 Mm.).

Der Schatz des Aachener Münsters besitzt verhältnissmässig wenige Reliquiengefässe, die der Verfallzeit der Gothik, dem XV. Jahrhundert, angehören. Unter diesen wenigen Reliquiarien, die den sogenannten Flamboyant-Styl aus der letzten Hälfte des XV. Jahrhunderts erkennen lassen, zeichnet sich ein *ostensorium* vortheilhaft aus, welches heute dazu dient, in einer innern Kapsel von dem Wachse aufzubewahren, das, von der geweihten Osterkerze entnommen, seit den früh christlichen Zeiten von den Päpsten vertheilt und an Fürsten und verschiedene Kirchen zur Erinnerung an das Auferstehungsfest versandt zu werden pflegte.

Diese Agnus Dei in weissem Wachs, welche auf der Vorderseite in Relief das Bild des Lammes zeigen, das für uns geschlachtet worden ist, werden auch heute noch in der Charwoche in Rom vertheilt. Gegenwärtig enthält das Gefäss auch noch vom Haar der allerseligsten Jungfrau, das nach der Tradition, in eine Rundkapsel eingeschlossen am Halse Karls des Grossen bei Eröffnung seines Grabes soll gefunden worden sein. Diese Kapsel sammt ihrem Hauptinhalt wurde zu Anfang dieses Jahrhunderts der Kaiserin Josephine geschenkt, ein Theil des blonden Haares aber seitdem in der Agnus-Dei-Kapsel aufbewahrt, welche Nachricht wir der freundlichen Mittheilung des Herrn Stiftsvikars Beissel verdanken.

Den Darstellungen, die auf dem in einer verschlossenen Kapsel des Reliquiars befindlichen geweihten Wachse einst mögen ersichtlich gewesen sein, entsprechen wahrscheinlich die Bildwerke, die als Kreismedaillons auf beiden Seiten dieses Verschlusses in ciselirter Arbeit vorhanden sind. Auf der Rückseite des Medaillons erblickt man das Lamm der Schlachtung, wie es als Symbol der Auferstehung die Siegesfahne hält; in der Umkreisung des Medaillons liest man in gothischen Majuskel-Buchstaben die Inschrift:

AGNE. DEI. MISERERE. MEI. QUI. CRIMINA. TOLLIS.
(Lamm Gottes erbarme Dich meiner, das Du die Sünden hinwegnimmst.)

Auf der dieser Stelle entsprechenden Vorderseite ist eine andere Ciselirung ersichtlich, die im Bilde den auferstehenden Heiland zeigt und lautet hier die Inschrift in der Umkreisung:

DOMINE. IHV XPE. REX.
GLORIE. DA. NOBIS. PACEM. ET.
LETITIAM. SENPITERNAM.
(Herr Jesu Christe, König der Glorie,
gib uns den Frieden und die ewige
Seligkeit.)

Zur Seite dieses Medaillons erheben sich zwei Widerlagspfeiler, die sich zu Fialen verjüngen, von welchen verzierte Strebebogen ausgehen, die mit einem oberen Aufsatz in Verbindung stehen, der in einen geschweiften und überhöhten Spitzbogen auswächst und durch eine doppelte Kreuzblume auf der Spitze geschlossen wird. Dieser obere Aufsatz bildet einen mit Krystallglas verschlossenen schmalen Behälter, der im Innern ein silbervergoldetes lateinisches Kreuz enthält, in welchem eine Reliquie vom heiligen Kreuz eingefasst ist. Auf der Rückseite dieses Kreuzes sind an den vier Enden der Arme in gothischer Minuskelschrift die Buchstaben i (im linken Seitenbalken), n (im obern Balken), r (im rechten Seitenbalken), i (am Fusse) eingravirt.

Der Fuss des Gefässes ist als sechsblätterige Rose oder richtiger als ungleichseitiger rundbogiger Vierpass gestaltet, so zwar, dass der Querdurchmesser länger als der gerade Durchmesser ist und die beiden Rundbogen des letzteren in je zwei kleine Rundbogenblätter getheilt sind, was auf die spätere, nach neuen Formen suchende, aber die Gesetze der schönen Linie ausser

Acht lassende Richtung in der Gothik hinweist. Von guter Wirkung ist der den sechsseitigen Ständer unterbrechende achteckig gegliederte Knauf, der in so schönen Formen und Profilirungen selten angetroffen wird.

Nro. 6. Reliquienbehälter

in Form eines langvierseitigen Altartisches, enthaltend Gebeine des h. Simeon in vergoldetem Silber mit vielen durchsichtigen Schmelz-Verzierungen. XIV. Jahrhundert.

Länge des Fusses: 7² 7‴ (590 Mm.), Breite des Fusses: 5″ 6‴ (142 Mm.), Höhe des Ganzen: 14″ 4‴ (375 Mm.)

Das Mittelalter liebte es, die Ueberbleibsel der Heiligen in kostbaren Behältern von einer solchen Formgestaltung aufzubewahren, deren Aeusseres sofort andeutete, welchem Körpertheile die betreffende Reliquie angehörte. Deswegen umfasste man die Ueberbleibsel der Hirnschale meistens mit in Gold- oder Silberblech getriebenen Kopfbildungen oder Büsten, die man *capita pectoralia, hermae* oder schlechtweg *crania* nannte. Zur Aufbewahrung von grösseren Theilen des Ober- oder Unterarmes fertigte der Goldschmied zierlich in edlen Metallen getriebene Reliquiarien in Form eines Armstückes mit ausgestreckter Hand (vgl. Abbild. unter Nr. 13 und 14). Für die kunstgerechte Beisetzung eines Theiles vom Armschenkel des heil. Simeon hätte man dem Brauche der mittelalterlichen Kunst gemäss ebenfalls wieder ein *brachiale* in Form eines Armes anzufertigen Veranlassung gehabt. Da indessen in mittelalterlichen Kirchenschätzen dergleichen Reliquienarme in grosser Zahl und in vielgestaltiger Abwechselung der Form sich vorfanden, so scheint man bei Einfassung dieser Reliquie auf eine neue Form Bedacht genommen zu haben, wie denn überhaupt die mittelalterliche Kunst durch ihre höchst genialen und naiven Neuschöpfungen sich auszeichnet, während es der modernen Kunst so selten gelingt, eigenthümliche Motive mit einer gewissen Freiheit aufzufassen und doch streng zu stylisiren. Damit jedoch die äussere Beschaffenheit des Reliquiars an den heil. Greis Simeon erinnere, gestaltete man den Behälter, der einen grösseren Theil jener *ulnae* aufzunehmen bestimmt war, die den Herrn bei seiner Aufopferung im Tempel getragen hatten, in idealer Weise gleichsam als Altartisch, auf welchem die Aufopferung des Heilandes im Tempel bildlich veranschaulicht werden sollte. Diese reich verzierte kleine *mensa* als *receptaculum*, worin die Reliquie des h. Simeon ruht, hat mit Hinzunahme der unterstehenden Säulen eine Höhe von 5″ 3‴ (137 Mm.). Das viereckig längliche Reliquiar selbst misst in seiner grössten Ausdehnung 13″ 9‴ (360 Mm.), bei einer Breite von 3″ 2‴ (83 Mm.) und einer Höhe von 2″ 6‴ (65 Mm.). Das kleine Schreinwerk ruht an den vier Ecken auf vier gedrungenen Rundsäulchen mit grossen Kapitälen, deren rohes Laubwerk in seiner Stylisirung mit dem Laub des unter Nro. 11 beschriebenen ungarischen Reliquiars nahe übereinkommt. Die Oberfläche ist in fünf flache Felder getheilt, von denen das mittlere oblonge die weiter unten erwähnte Phiole in Onyx nebst Emaillirung trägt. Die beiden nächstliegenden vierseitigen Felder stellen in sehr kostbarem durchsichtigen Schmelzwerk einerseits die Gottesmutter mit dem Kinde, andererseits einen knienden König mit Heiligenschein dar, wie er eine kostbare kleine, mit rothen Kreuzchen ornamentirte Lade zum Opfer darbringt. Mit Rücksicht auf diese Darstellung ist man geneigt, an einen fürstlichen Geschenkgeber, etwa an Karl IV., zu denken. Die beiden äusser-

Reliquienbehälter,
enthaltend Gebeine des heiligen Simeon.

sten Felder sind rund und enthalten Pergament-Inschriften in gothischen Majuskeln und Minuskeln folgenden Inhalts: Zu Seiten Mariä: *Brachiu. justi Symeonis — de clavo sci petri. Dens sci Anastasii. De sco Jeronimo...* — (Arm des gerechten Simeon. Vom Schlüssel des heil. Petrus. Zahn des heil. Anastasius. Vom heil. Hieronymus.) — Zu Seiten des heil. Simeon: *Reliquie See gertrudis .. Sancte lucie ... Sci marcellini. Sci victorini. Sci Ciriaci.* — (Reliquien der heil. Gertrud, der heil. Lucia, des heil. Marcellinus, des heil. Victorinus, des heil. Cyriacus.) Die vier Hochseiten des Behälters sind gleichmässig mit einer grossen Zahl von kunstreich gefassten Edelsteinen und Perlen verziert, die mit kleinen emaillirten Blättchen abwechseln, welche auf gemustertem Tiefgrunde phantasiereiche Gebilde aus der Thier- und Pflanzenwelt in vielfarbigem Schmelz (*émail translucide*) zum Vorschein treten lassen. Selbst die nicht sichtbare Unterseite der kleinen Lade ist mit einem einfachen ciselirten Ornament versehen. Dasselbe System der Ornamentation ist auf der reichen Fuss- und Deckplatte eingehalten worden, auf welcher der ebengedachte freistehende Altartisch befestiget ist. Hier erblickt man ebenfalls eine grössere Zahl von ungeschliffen gefassten Edelsteinen, die mit figuralen Darstellungen und Emaillirungen abwechseln und so die breite Fläche des untern Fussstückes beleben, das auf vier ciselirten Ständern in Form von Löwentatzen sich erhebt. Um den Inhalt des Reliquiars noch anschaulicher zu machen, hat der Goldschmied in getriebener Arbeit die Aufopferung im Tempel in folgender Weise bildlich wieder gegeben. An der Ehrenseite des Altars rechts erblickt man in faltenreichem vergoldetem Gewande die allerseligste Jungfrau in dem Augenblicke, wo sie nach der Gesetzesvorschrift am Tage der Reinigung die Gabe der Armen, ein Paar Turteltauben, darbringt; auf der linken Seite der *mensa* steht das in Silber getriebene, vergoldete Standbild des greisen Simeon, wie er, um seine Ehrfurcht zu bezeugen, mit verhüllten Händen den lang ersehnten Heiland auf seine Arme nimmt und das bekannte Loblied anstimmt: „Nun lass, o Herr, deinen Diener in Frieden fahren, weil meine Augen dein Heil gesehen haben." Als ausfüllendes Ornament hat der Künstler zweckmässig zwischen diesen beiden handelnden Figuren ein zierliches Gefäss mitten auf der Oberfläche des kleinen Schreins befestigt, das in Form einer Phiole von geschliffenem Achat in einem Schwämmchen von dem Oele enthält, das aus einer Reliquie der heil. Katharina geflossen sein soll*). Die Phiole ist als

---

*) Wir haben in vielen Kirchenschätzen des Abendlandes Reliquien in reichen Fassungen angetroffen, die ein Oel unter obiger Angabe enthielten. In dem ehemaligen Stifte zu Grefrath bei Elberfeld, wo heute noch eine grössere Zahl von kunstreichen Reliquiengefässen aufbewahrt wird, findet sich ebenfalls ein grosses Gefäss, das mit diesem Oele gefüllt ist; desgleichen auch in einer zierlich gestalteten *monstranciola* mit einem kleinen Gebeine der heil. Katharina, von welchem eine Menge Urkunden von Augenzeugen bestätigen, dass dieses Oel zu verschiedenen Zeiten aus der Reliquie geflossen ist. Vgl. diese Urkunden, so wie den geschichtlichen Hergang in dem Anhange des Werkes: „Geschichtliche Nachrichten über die Aachener Heiligthümer von Dr. *Floss*."

Blumentopf aufgefasst, aus dem eine silberne Lilie mit vielen Blüthen hervorgewachsen. Obschon der Faltenwurf der Gewänder an den beiden ebengenannten in Silberblech getriebenen Statuetten von der Leichtigkeit zeugt, mit welcher der Goldschmied auf das Treiben von Figuren sich verstand, so verräth die Composition, namentlich was anatomische Verhältnisse betrifft, manche Härten. Mit grösserer Meisterschaft sind hingegen die vielen ornamentalen Schmelzarbeiten ausgeführt, womit die breite Fussfläche und die vier Seiten des eigentlichen Reliquienbehälters auf das Mannigfaltigste ausgestattet sind. Fasst man die Haltung der Figuren und den geradlinigten, noch wenig geknickten und manirirten Faltenwurf der Gewänder näher ins Auge, betrachtet man aufmerksamer die vielen eingeschmelzten Ornamente mit jenen phantastischen kriechenden Thierunholden wie sie in der Goldschmiedekunst des Mittelalters für eine gewisse Epoche charakteristisch sind; so wird man zu der Annahme gelangen, dass der in Rede stehende, eigenthümlich gestaltete Reliquienbehälter gegen Mitte des XIV. Jahrhunderts ungefähr zu derselben Zeit Entstehung gefunden, wo auch die Reliquienkapelle unter Nr. 19 mit ihren vielen ähnlichen Schmelzwerken angefertigt worden. Doch muss der Entwurf einem in der Technik weniger gewandten Künstler zugeschrieben werden, dem indess das künstlerische Gefühl seiner Zeit noch in hohem Grade eigen war, wie es öfter in den verschiedenen Kunstzweigen vorkommt.

Nro. 7. Standbild des heil. Petrus mit dem Gliede der Kette,

getriebene Arbeit in vergoldetem Silber. XV. Jahrhundert.

Höhe 2' 4½" (745 Mm.), Breite des Sockels 8" 3"' (215 Mm.).

In älteren Schatzverzeichnissen werden häufig in Silber getriebene Statuen von Heiligen namhaft gemacht, die meistens als Reliquiarien an hohen Festtagen auf dem Untersatz (*predella*) des Altares als Schmuck und Zierde aufgestellt zu werden pflegten. Der Domschatz von St. Veit hatte ehemals dreizehn solcher Bildwerke aufzuweisen, die ein ausführliches Verzeichniss von 1387 „*ymagines*" nennt *).

Der Schatz des Domes von Aachen ist heute noch im Besitze dreier solcher in Silber getriebener Bildwerke.

Die vorliegende Statue des Apostelfürsten Petrus, die ein Gewicht von 13 Pfund an Silber hat, ist ebenfalls als Reliquienbehälter zu betrachten, indem sie in der rechten Hand ein Glied jener eisernen Kette trägt, womit der heil. Petrus im Kerker gefesselt war. In dem trefflichen Werke von

---

*) Kleinere getriebene Statuetten verschiedener Heiligen findet man noch im Dom zu Münster und in der Sakristei zu Regensburg; auch der Domschatz zu Köln besass bis zur französischen Invasion zwölf grosse in Silber getriebene Standbilder der Apostel, die den Altern Hauptaltar des Domes an Festtagen schmückten.

Prof. Dr. Floss: „Geschichtliche Nachrichten über die Aachener Heiligthümer" findet man Seite 77 u. ff. ausführliche geschichtliche Mittheilungen sowohl über die Kette des heil. Petrus, mit welcher derselbe im Kerker zu Jerusalem belastet war, als er, der Apostelgeschichte XII, 6. zu Folge, durch einen Engel befreit wurde, sowie auch über jene Fesseln, mit welchen Nero im Kerker zu Rom ihn behaften liess. Da es geschichtlich feststeht, dass schon vor dem X. Jahrhundert von verschiedenen Päpsten einzelne kleinere Theile von der Kette des heil. Petrus, die in Rom in hoher Verehrung stand, als Geschenke an abendländische Fürsten übersandt wurden; so dürfte es auch Karl dem Grossen bei den engen Freundschaftsbeziehungen, die zwischen ihm und den Päpsten Hadrian IV. und Leo III. bestanden, ein Leichtes gewesen sein, das in Rede stehende grössere Glied der Kette des Apostelfürsten für den Schatz seiner neuerbauten Lieblingskirche in Aachen zu erwerben. Ohne Zweifel hatte das Kettenglied, das schon in einem Inventar der Aachener Münsterschätze des XIII. Jahrhunderts verzeichnet steht, ehemals eine andere Fassung. Diese ältere Einfassung gibt sich theilweise noch zu erkennen an den kleinen umschliessenden Goldblechen in romanischer Verzierungsweise, vermittels welcher das umfangreiche Kettenglied von Eisen mit der erhobenen Hand der getriebenen Statuette in Verbindung steht.

Die eben gedachte Reliquie dürfte mit der in Abbildung veranschaulichten Statue erst gegen Schluss des XV. Jahrhunderts vereinigt worden sein, indem nicht nur der vielfach geknickte und bereits manierirte Faltenwurf der Gewänder für die angegebene Epoche charakteristisch ist, sondern mehr noch die entwickelten spät gothischen Verzierungen an dem architektonisch im Sechseck konstruirten Sockel der obigen Angabe das Wort reden. Sowohl der mit vieler Naturwahrheit in Silber getriebene Kopf dieses Standbildes des heil. Petrus, wie der leicht behandelte zierliche Faltenwurf der Gewänder sind Belege dafür, dass dieses Bildwerk von einem Goldschmiede gegen Ausgang des Mittelalters angefertigt worden ist, der es in der schwierigen Technik der getriebenen Arbeit (opus propulsatum) zur Meisterschaft gebracht hatte.

In dem mit Glastafeln verschlossenen Sockel des Bildes sind Schädelgebeine eines Heiligen ohne Angabe seines Namens enthalten.

Nro. 8. Reliquienschrein

in Form eines griechischen Kuppelbaues mit dem Haupte des heiligen Anastasius, XI. Jahrhundert. Höhe 15″ 1‴ (805 Mm.), Breite des unteren Würfels an der Vorder- und Rückseite 7″ 8‴ (200 Mm.). an den Flankenseiten 7″ 6‴ (197 Mm.), in der Höhe 8″ 1/2‴ (210 Mm.).

Es wird in den kirchlichen Kunstschätzen am Niederrhein nicht leicht ein Werk der religiösen Goldschmiedekunst vorgefunden werden, das hinsichtlich seiner Composition und Verzierung eine so bestimmt ausgesprochene griechische Form bekundet, wie das Reliquiar, das in der Seitenansicht*) im Beifolgenden bildlich veranschaulicht wird. Der für die Aachener Kunst- und Geschichtsforschung sehr thätige Privatgelehrte *P. St. Kaentzeler* hat das Verdienst, im ersten Bande der Zeitschrift für Archäologie von *Quast* und *Otte* Seite 130 die Aufmerksamkeit der Kunstforscher auf dieses seltene Reliquiar hingelenkt und die vielen griechischen Inschriften gedeutet zu haben. Gestützt auf die Angaben der Bollandisten, die unter dem 22. Januar das Leben des heiligen Anastasius ausführlicher beschreiben, der im Jahre 628 in Persien als Märtyrer die Siegespalme errang, und im Anschluss an eine gewagte Conjectur, die sich aus der griechischen Namens-Inschrift auf dem Schreinwerke selbst ergiebt, sucht der obengedachte Forscher darzuthun, dass das vorliegende Reliquiengefäss unmittelbar nach den Tagen des Kaisers Heraklius, also wenige Monate nach dem Martyrium des h. Anastasius, auf Befehl eines gewissen *Tabularius Eustathius* angefertigt worden sei, dessen Name in der Inschrift vorkommt. Obwohl dieser Name in Byzanz gar häufig angetroffen wurde, wird die Behauptung aufgestellt, dass es jener berühmte Eustathius gewesen sei, der im Beginne des VII. Jahrhunderts vom Kaiser Heraklius unter dem Titel eines Tabularius als Gesandter an den persischen Hof kam und nach Abschluss eines vortheilhaften Friedens von seinem Monarchen die Statthalterschaft Syrien erhalten hat. Wir stellen nicht die Richtigkeit der eben angegebenen historischen Thatsache in Abrede, sind

---

*) Durch Versehen des Zeichners ist die Absis rechts statt links gesetzt.

aber aus mehreren Gründen der Ansicht, dass der im Neugriechischen oft vorkommende Name Eustathius hier zufällig mit dem des ebengedachten Gesandten des griechischen Kaisers Heraklius zusammentreffe. Gelehrte Hypothesen, ausschliesslich auf geschichtliche Vorkommnisse gestützt, haben in den früheren Jahrzehnten zu vielen chronologischen Irrthümern auf dem Gebiete der christlichen Kunstforschung geführt. Deswegen hat man in letzter Zeit, um Unrichtigkeiten und gewagten Conjecturen vorzubeugen, das Monument selbst in seinen eigenthümlichen Kunstformen für die Zeit seiner Entstehung Zeugniss ablegen lassen.

Betrachtet man die Anlage des vorliegenden Reliquiars, so stellt sich dasselbe als griechischer Kapellenbau in quadratischer Anlage dar, die auf ihrer Oberfläche von einem Kuppelbau überragt ist, während eine Halbkuppel mit drei Fensterstellungen nach der einen Seite hin in Weise einer chorförmigen Absis hervortritt. Die drei übrigen Seitenflächen des untern Würfels sind nach drei Seiten durch je zwei Thürflügelchen geschlossen, die von einem geschweiften und überhöhten Spitzbogen überragt werden. Auf den Flächen zu beiden Seiten oberhalb dieser Thüren hat der griechische Goldschmied in Majuskel-Buchstaben vertieft eingetriebene Inschriften angebracht, die Bezug nehmen auf den Ruhm und die Herrlichkeit des himmlischen Sion, als den Ruhesitz Jehova's und seiner Heiligen. Diese Inschriften zu Seiten der drei Thüren sind dem 86. und 131. Psalm entlehnt. Wir werden bei einer späteren, ausführlich wissenschaftlichen Bearbeitung der Aachener Kunst- und Reliquienschätze auf eine nähere Beschreibung des vorliegenden Reliquiars und seiner vielen interessanten Inschriften zurückkommen. Zur Bestimmung des Herkommens und der Zeit seiner Entstehung ist hauptsächlich die äussere formelle und technische Beschaffenheit des Schreines zu Rathe zu ziehen. Die ganze äussere Erscheinung drängt bei einem gewissen Stylgefühl zu der Annahme, dass dasselbe unmöglich im VII. oder VIII. Jahrhundert seine Entstehung könne gefunden haben, sondern dass es einer späteren Kunstepoche, dem Ausgange des XI. Jahrhunderts oder sogar noch dem Beginne des XII. Jahrhunderts angehöre, in welchem die stagnirende Kunst der griechischen Kirche eine grössere Beweglichkeit angenommen hatte. Wir tragen kein Bedenken zu behaupten, dass das in Rede stehende Schreinwerk entweder von den Nachkommen der durch Bilderstreitigkeiten vertriebenen griechischen Künstler herrühre, die im nördlichen Italien, in den sogenannten byzantinischen *thematis*, dauernd ihren Wohnsitz genommen hatten, oder wahrscheinlicher noch, dass dasselbe von abendländischen Kreuzfahrern aus Byzanz selbst in das Abendland herübergeführt wurde, wie es urkundlich bei einer grossen Zahl von griechischen Reliquiengefässen erhärtet werden kann, die heute noch in den Kirchen des Abendlandes anzutreffen sind. Die vielen niellirten Verzierungen, womit die Kuppel des obern Schreines versehen ist, sowie die eigenthümlich gebildeten griechischen Kreuze auf den kleinen Thürmchen sind Ornamente, die in ihrer entwickelten und beweglichen Form unmöglich der älteren Kunstweise der Byzantiner aus dem VII. Jahrhundert angehören können, sondern offenbar jener Periode der griechischen Goldschmiedekunst, die weniger in der äusseren Form und Composition, sondern mehr in der Entwicklung und Ausbildung des einzelnen Schmuckwerks und insbesondere der Technik sich auffallend von den stammverwandten Leistungen der älteren Epochen unterscheidet.

In den Mosaiken des Domes von St. Marco fanden wir unlängst mehrere Ornamente, die mit denen unserer *arca* vollkommen übereinstimmend sind; desgleichen bewahrt der dortige Schatz ein griechisches Reliquiar des XII. Jahrhunderts, das dem eben beschriebenen durchaus entsprechend ist.

Nro. 9. Reliquiengefäss,

enthaltend Ueberreste der Gefährtinnen der h. Ursula und andere. XIV. Jahrhundert.

Höhe 13" 6‴ (352 Mm.), Durchmesser des Fusses: 5" 11‴ (156 Mm.).

In mittelalterlichen Inventarien finden sich häufig Reliquien verzeichnet, deren Behälter aus Onyx, Porphyr und anderen edlen Steinen gearbeitet waren. In diesen Aufzählungen begegnet man ebenfalls einer Menge kleinerer Reliquiengefässe, die als *vascula cristallina* bezeichnet sind und die Bestimmung trugen, Reliquien aufzubewahren, welche in der durchsichtigen Einfassung von allen Seiten wahrnehmbar sein sollten. Dergleichen ältere Gefässe aus Bergkrystall mit erhaben geschnittenen romanischen Thier- und Laubornamenten trifft man heute, ausser im Schatzgewölbe zu Quedlinburg und im Schatze zu St. Marco in Venedig, nur noch selten an. Häufiger jedoch finden sich dergleichen vor, die in der entwickelten Gothik Entstehung gefunden haben und vieleckig oder in Cylinderform geschnitten sind. Unter andern hat der Domschatz zu St. Veit in Prag noch mehrere solcher Krystallgefässe aus dieser Epoche aufzuweisen, die sämmtlich mit kunstreichen Fassungen verziert sind. Auch der Schatz zu Aachen besitzt nicht wenige Schaugefässe, deren eigentliche Reliquienkapsel ein innen ausgebohrter, aussen aber als Cylinder, als Polygon, Kegel oder Kugelabschnitt geschliffener Bergkrystall ist.

Zu den interessanteren Krystallgefässen dieser Art gehört jener formschöne Reliquienbehälter, den wir nebenstehend in verkleinertem Maassstabe veranschaulichen. Er dient heute dazu, mehrere kleine Gebeinstücke von Heiligen aufzunehmen, die theilweise der Schaar jener engländischen Jungfrauen aus dem Gefolge der heiligen Ursula beigezählt werden, welche vor den Mauern Cölns das Martyrium erlitten haben. Ein Spruchstreifen von Pergament mit Minuskel- und Majuskelschriften bezeichnet diese Reliquien in folgender Weise:

„*Undecim Millium Virginum aliorumq.* SS: *Quorum nomina colligit Christi Scientia.*"

Ferner hängt an rothem Bande in demselben Gefäss noch eine kleine ovale silberne Reliquienkapsel, in der Art der heute in Rom gebräuchlichen, mit einer kleinen Partikel *S. Stephani Reg. Hung.*, die wahrscheinlich im vorigen Jahrhundert hineingelegt worden; oben in der Kuppel des Gefässes ist auf einem schmalen festen Streifen ein Theil eines kleinen Rippengebeins befestigt mit der Aufschrift: *S. Emerici conf: & Ducis*, allem Anschein nach aus derselben Zeit, wo die erstgenannten Reliquien eingelegt wurden.

Bemerkenswerth ist ein inneres Gerüste zur Tragung der verschiedenen Reliquien, das aus Metall und Seide besteht und offenbar seit Einlegung der verschiedenen Reliquien vorhanden ist. In der Tiefe des Gefässes befindet sich nämlich ein kronenartig figurirter und vielfach ornamental durchbrochener Ring, von welchem ein Stift bis oben in die Kuppel des Gefässes hineinragt und dort einen Bügel trägt, auf welchem die Reliquie des h. Emerich ruht. In der Mitte des Stifts sitzt eine seidene Querscheibe, wodurch das Krystallgefäss in zwei Behälter getheilt wird, welche verschiedene kleine Heiligengebeine enthalten, denen wahrscheinlich die Bezeichnungen „*Reliquiae undecim millium Virginum*" und „*aliorumque*" entsprechen, so zwar, dass die ersteren über der Querscheibe, die letztern im Boden des Gefässes, in der kleinen Metallkrone, liegen.

Der eigentliche Krystallkegel, der sich nach unten hin zuspitzt, ist zwölfeckig geschliffen und im Innern angebohrt. Zwei schmale Metallstreifen umschliessen diesen Behälter und setzen denselben in Verbindung mit einem im Achteck angelegten Fussstück, das auf vier in Silber ciselirten Löwentatzen ruht. Zwischen dem im Achteck gehaltenen Fuss und dem im Zwölfeck geschliffenen Behälter ist ein im Sechseck gebautes flaches scheibenförmiges *manubrium* eingeschoben, wodurch der kurze Ständer zweckmässig gegliedert wird. Das Reliquiar wird durch einen Deckel in Bergkrystall abgeschlossen, der, ebenfalls zwölfeckig geschliffen, nach oben sich kugelförmig erhebt. Ueberragt wird dieses Gefäss von einem kleinen Cruzifix.

Nicht nur die edlen Verhältnisse dieses Behälters, sondern auch die in kleinen Vierpässen durchbrochene Gallerie auf dem Fusstheile, dessgleichen die schönen Profilirungen der kleineren Ringe und Knäufe an dem untern Ständer dienen zum Belege, dass derselbe in den Tagen Karls IV. in der letzten Hälfte des XIV. Jahrhunderts angefertigt worden ist. Auf dem Fusse befinden sich in den Winkeln des Achtecks durchlöcherte Stellen, auf welchen früher Perlen, Edelsteine oder goldene Ornamente sich befunden haben. Auch scheint das glatte durchaus schmucklose schmale Metallband, welches von unten nach oben das ganze Glasgefäss umrandet und am Deckel mit Scharnieren versehen ist, sammt dem dasselbe nach oben abschliessenden Cruzifix von jüngerm Alter als der übrige Behälter und befinden sich ebenfalls an dem äusserst zierlichen aus zweierlei Laub bestehenden Einfassungsrande des Deckels Spuren einer ursprünglich anderen Fassung.

Nro. 10. Elfenbeinlade

mit den Reliquien des h. Bischofs Speus und anderer Heiligen. XII. Jahrhundert.

Höhe 13" (340 Mm.), Länge 19" 8" (513 Mm.), Breite 12" 5" (325 Mm.).

Ein in den bisherigen Beschreibungen und Abbildungen weniger beachtetes Reliquiar ist die mit Elfenbein bekleidete Holzlade, welche in neuester Zeit nicht geöffnet worden und ihrem näheren Inhalte nach nicht gekannt ist, deren ursprüngliche Inschrift dieselbe jedoch deutlich als Reliquienbehälter bezeichnet.

Die Inschrift, in sehr stylisirter und ornamental gehaltener dem XII. Jahrhundert angehörender Majuskelschrift ohne Zwischenpunkte lautet:

IN ISTA CAPSA CONTINENTUR RELIQUIE ET OSSA SANCTI
SPEI | EPISCOPI ET CONFESSORIS CU CETERIS ALIJS RELIQUIJS.

Die eigentliche Lade ist ein durchaus einfaches und schmuckloses längliches Viereck, das mit grossen Elfenbeintafeln bekleidet ist. Fuss und Deckel des Behälters erweitern sich bedeutend, indem sie mittels gerader oder gebogener Abschrägungen kräftig vorspringen, wodurch die schwerfällige Form nicht unangenehm gegliedert wird. Der Deckel im Besonderen ist in seinem obersten Aufsatze in Form einer oblongen kurz abgestumpften vierseitigen Pyramide gestaltet und gleich dem Mittelstück der eigentlichen Lade fast auf der ganzen Oberfläche mit breiten Elfenbeintafeln bedeckt. Nur die schmalen Einfassungsränder werden von einfach ornamentirtem vergoldetem Blech überzogen; auch sind die Kanten der Lade an mehreren Stellen mit Metallbeschlägen versehen, welche theils zur Festigung, theils als Schmuck dienen. Auf einem jener Bleche, und zwar an einer der Schmal-Seiten der Deckeleinfassung, welche somit auch als die Vorderseite des Reliquiars betrachtet werden muss, steht die obenangegebene Inschrift. Die einfachen Ornamente der Bleche sind grösstentheils kleine Vierpässe und Punkte. Nur da, wo die vierekige Mittellade in den Deckel übergeht, befindet sich eine in leichtem Bogen geschwungene etwa 1″ breite Metalleinfassung, welche mit reichem Thierornament geschmückt ist. Dieses Ornament sowohl wie die oben erwähnten kleineren Verzierungen, ferner der Charakter der Buchstaben wie nicht minder die ausgedehnte Anwendung des Elfenbeins deuten auf die Zeit, wo die romanische Kunstweise noch keineswegs abgebrochen, jedoch ihrer Verdrängung durch die Formen der Gothik nahe war, somit auf die letzte Hälfte des XII. Jahrhunderts.

Nro. 11. Schaugefäss

In vergoldetem Silber mit einer Krystall-Kapsel, enthaltend die Reliquien verschiedener Heiligen. XIV. Jahrhundert.
Höhe 16″ 4‴ (426 Mm).

Die Kunst im Mittelalter nahm selten darauf Bedacht, den Namen des ausführenden Meisters mit seiner Kunstleistung vermittels einer Inschrift in Verbindung zu bringen. Desswegen forscht man heute bei den herrlichsten Gebilden der kirchlichen Goldschmiedekunst vergeblich nach dem Namen des Anfertigers. Dem Künstler genügte es, dass er in Absicht auf höhern Lohn seine Gebilde anfertigte; desshalb verschwieg er seinen Namen, indem er hoffte, wie es in einem alten reich illustrirten Manuskript treffend heisst, dass derselbe in das Buch des Lebens desto sicherer eingetragen werde. Auch den Namen der Geschenkgeber trifft man auf Werken der ältern religiösen Goldschmiedekunst nur selten an; höchstens pflegte man zur ornamentalen Ausstattung die Wappen oder andere heraldische Abzeichen des Donators in Email oder in cingravirter Arbeit auf dem glatten Fusstheil liturgischer Gefässe anzubringen. Diesem Umstande verdanken wir heute manche Anhaltspunkte für die Geschichte hervorragender Werke kirchlicher Goldschmiedekunst, die sich aus den wiederholten Zerstörungs-Perioden der neuen Zeit in den Kirchenschätzen des Abendlandes noch erhalten haben. Auch im Schatze der Stiftskirche zu Aachen findet sich noch eine Anzahl von Kunstwerken vor, deren Herkommen und Entstehungszeit durch die Wappenschilde Fürstlicher Geschenkgeber ausser Zweifel gesetzt sind. So zeigen die beiden Reliquiengefässe, die unter Nro. 11 und 12 veranschaulicht werden, auf ihrem Fusse in gravirter Arbeit die heraldischen Abzeichen eines Königlichen Geschenkgebers, dessen Grossmuth und Frömmigkeit der Münsterschatz zu Aachen nicht wenige kirchliche Geräthe verdankt. Man erblickt nämlich auf dem im Vierblatt gehaltenen Fusstheil des in Rede stehenden Reliquiars die Wappenschilde der sizilianischen Dynastie der Anjou, deren Seitenlinie im XIV. Jahrhundert vorübergehend in den Besitz der Krone Ungarns und Polens gelangt war. Desswegen befinden sich auch in der einen Hälfte der Wappen rechts die acht horizontal gelegten Balken als heraldisches Abzeichen des Königreiches Ungarn und in dem getheilten Wappenschilde links die goldenen Lilien Frankreichs auf azurblauem Grunde. Auf den beiden andern Blättern des Fusses findet man energisch eingravirt je einen Helm mit einer Königskrone verziert, aus welcher sich Hals und Kopf des Vogels Strauss erhebt, der im offenen Schnabel ein Hufeisen trägt, eine Helmzierde, wie wir sie auf mehreren kirchlichen Geräthen im Metropolitanschatze zu Gran, herrührend aus den Tagen Königs Ludwig des Grossen von Ungarn vorgefunden haben. Auf dem Halse dieses viertheiligen Fussstückes erhebt sich, ebenfalls im Quadrat, ein architektonischer Untersatz mit über Eck gestellten Widerlagspfeilern, der die Bestimmung trägt, einen ungewöhnlich hohen und schlanken quadratischen Ständer aufzunehmen. Dieser Ständer (*fistula, canna*) wird in seinem zweiten Drittel von einem Kreuzknauf mit stark ausladenden Balken, in seinem unteren und oberen Drittel aber von kleinen vierseitigen flachen Knäufen als Handhabe abgeschlossen. Die im Durchschnitt als schräge Vierecke sich darbietenden Kreuzbalken tragen die Majuskel-Buchstaben INRI.

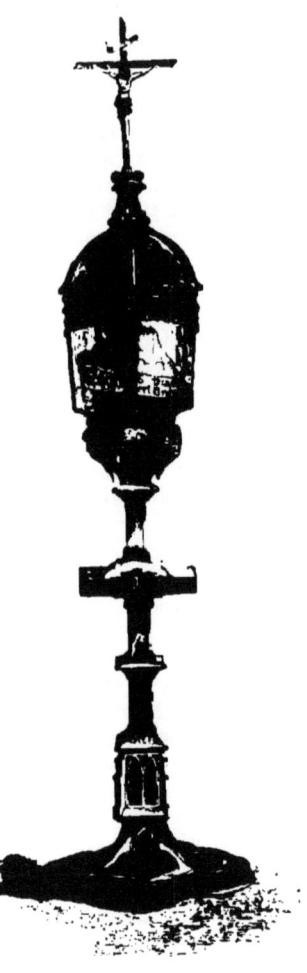

Auf der Spitze des Ständers gelangt ein sehr selten angewandtes, doch zierliches Blätterwerk zur Entfaltung, das gleichsam als Konsole einen Behälter in Krystall trägt, welcher als rundgeschlossene *pyxis* die Reliquien enthält, die ein Spruchband von Pergament in später Schrift folgender Weise bezeichnet: *Reliquiae SS^torum Quae inventae st sub altari qd e in Diderikirchen, quor. nom. collegit X^n scientia.* (Reliquien der Heiligen, welche unter dem Altar gefunden worden sind, welcher sich in Diderikirchen befindet, deren Namen der Herr kennt.) Im kuppelförmigen ebenfalls krystallenen Deckel befinden sich noch heilige Gebeine mit der Bezeichnung *S. Catharin. V., S. Agnetis.* Der Deckel des Krystallgefässes trägt einen zierlich gestalteten Sockel, auf welchem sich ein kleiner Crucifix erhebt. Ueber dem ganzen Reliquiar läuft vorn und zur Seite in der Mittellinie ein schmales ornamentirtes Metallband, welches in Kreuzform das Gefäss hält, durch Scharniergelenke den Verschluss vermittelt und das Kreuz auf der Spitze trägt. Die früher erwähnten Wappenschilder auf dem Fusse besagen deutlich, dass dasselbe zu den Geschenken und der Königlichen Dotirung jener Kapelle gehörte, die König Ludwig der Grosse von Ungarn in unmittelbarer Verbindung mit der Pfalzkapelle Karls des Grossen im letzten Viertel des XIV. Jahrhunderts errichten liess.

Nr•. 12. Reliquiengefäss

mit Krystallbehälter, enthaltend Ueberbleibsel vom heiligen Stephan von Ungarn und mehren anderen Heiligen. Ständer in vergoldetem Silber. XIV. Jahrhundert.

Höhe: 12" 10''' (337 Mm.), Breite des Fusses: 4" (106 Mm.).

Soweit heute die Ueberlieferungen reichen, ist der Kleinodienschatz des Münsters unserer lieben Frau zu Aachen von ausserdeutschen Fürsten durch die Schenkung der Armfassung Karls des Grossen Seitens des Königs Ludwig XI. von Frankreich, besonders aber durch viele Gaben Ludwigs des Grossen von Ungarn bereichert worden. Unter andern heute noch erhaltenen Meisterwerken religiöser Goldschmiedekunst rührt auch dieses Reliquiengefäss von der Freigebigkeit Königs Ludwig I. von Ungarn her. Um nämlich die Verehrung gegen die altehrwürdigen Reliquien, die im Münster zu Aachen ruhten, bei seinen Unterthanen rege zu erhalten und zu beleben, erbaute, der Stiftungsurkunde zufolge, König Ludwig im Jahre 1374 in unmittelbarer Verbindung mit dem karolingischen Octogon eine Kapelle zu Ehren seiner heiligen Vorfahren, des heiligen Stephan, heiligen Emerich, heiligen Ladislaus, dessgleichen auch der heiligen Elisabeth und Kaisers Heinrich des Heiligen und seiner heiligen Gemahlin Kunigunde. Dem Wortlaute des Stiftungsbriefes nach versah König Ludwig diese von ihm gestiftete Kapelle mit reichen Gefässen und Gewändern und traf zugleich die Vorkehrung, dass zwei besondere Kapläne den Gottesdienst in derselben abhielten. Leider sind in dem letzten Jahrhundert manche Kunstwerke des Aachener Reliquien- und Kleinodienschatzes im Sturme der Revolutionen verloren gegangen. Glücklicher Weise jedoch haben sich jene Werthstücke noch ziemlich vollständig gerettet, mit welchen Ludwig der Grosse von Ungarn seine Stiftung in Aachen beschenkt hat. Auch das vorliegende Gefäss, das in einer *pyxis* von Krystall hauptsächlich einen Theil einer Rippe des heiligen Stephan von Ungarn enthält, rührt aus diesem Schatze der ehemaligen ungarischen Kapelle her, die leider, auf den wenig wahrscheinlichen Grund ihrer Baufälligkeit hin, im vorigen Jahrhundert abgetragen und durch einen unschönen Kuppelbau im modernen Palaststyl 1767 ersetzt worden ist. Dass dieses Reliquiengefäss ehemals zu dem Inventar der Kleinodien der heute noch so genannten ungarischen Kapelle gehörte, beweist das doppelarmige Patriarchalkreuz auf seiner Spitze. Dieses Kreuz, dessen Gebrauch durch Papst Sylvester II. dem heiligen Stephan und seinen Nachfolgern auf dem Throne Ungarns gestattet wurde, erblickt man auch heute noch in dem Königlichen Wappenschilde Ungarns.

Auch auf dem Fusse, der als Rose von sechs Blättern sich gestaltet, findet man das heraldische Abzeichen Königs Ludwig, nämlich die acht horizontalliegenden Balken Ungarns in Verbindung mit den Lilien der französisch-sizilianischen Anjou's. Ebensowenig fehlt in den Garnirungen die Helmzierde mit dem Vogel Strauss, der das Hufeisen trägt. Ueberdies bemerkt man auf einem der Rosenblätter den Wappenschild des Königreiches Polen, dessen Krone Ludwig der Grosse durch die Wahl der polnischen Stände seit 1370 mit der Krone des heiligen Stephan vereinigt hatte. Das Vorkommen des polnischen Adlers als Ornament auf diesem Fusstheil dient zum Belege, dass das Gefäss erst nach vollzogener Wahl Königs Ludwig zum Könige von Polen, also nach 1370 angefertigt worden ist. Sonst zeigt das Reliquiar, das mit einem im Sechseck angelegten und mit Schuppen-Ornament gedeckten Thurm-Helme abschliesst, keine weitere Verzierung als einen zierlich gegliederten Knauf im Sechseck, dessen sechs vorspringende Pasten auf emaillirtem Grund je einen Buchstaben des alten Hierogramms JHESVS tragen. Die auf einem schmalen Bande geschriebene Bezeichnung der Reliquien lautet: *De Costa S. Steph: Hung. Regis I^mi — SS: Maurorum — Sant loij buss.*

Nr. 13. Brustbild,

silbervergoldet, enthaltend den Hirnschädel Karls des Grossen. Schluss des XIII. Jahrhunderts.

Höhe 33" (863 Mm.), Breite 21" 10"' (570 Mm.), Tiefe 11" 6"' (330 Mm.).

Vorliegendes Pectoralbild, das in älteren Urkunden zuweilen „*herma*", „*caput pectorale*" genannt wird, darf unstreitig sowohl wegen der reichen und sorgfältigen Ausbildung der Ornamentformen wie wegen des grossen Reichthums an geschliffenen Edelsteinen, womit es bedeckt ist, als eines der bedeutendsten bezeichnet werden, die sich in den Kirchen des Occidentes erhalten haben. Dieses kostbare Brustbild dient zur Aufbewahrung des Schädels Karls des Grossen und zwar ist dieser Schädel, wie es bei vielen noch erhaltenen ähnlichen Bildern der Fall ist, in dem Haupte des Pectorals so eingeschlossen, dass die Reliquie mittels einer deckelförmigen leicht zu öffnenden Klappe auf dem Scheitel offen gelegt und den Gläubigen zur Verehrung gezeigt werden kann. Der Hirnschädel des grossen Kaisers ist von einem bedeutenden Umfange und zeigt nach dem Urtheile eines Sachkenners auf dem Scheitel gegen das Hinterhaupt zu eine auffallende Erhabenheit [*]. Das Pectorale selbst basirt auf einem im Achteck angelegten und glattgehaltenen, 9 Mm. hohen Sockel, der bei andern reichen Bildern der Art fehlt, indem dieselben gewöhnlich unmittelbar auf Löwen oder Greifen ruhen. Die acht Seitenflächen dieses Untersatzes sind mit dunkelgrünem in's Schwarze spielendem Email in einer Weise überzogen, dass die heraldische Lilie (*fleur de lis*) in starker Vergoldung aus dem emaillirten Grunde in regelmässiger Anordnung schwach erhaben hervortritt. Auf dieser Console erhebt sich das kolossale Brustbild, dessen Vorder- und Rückseite mit dem kaiserlichen Pallium bekleidet ist. Die beiden Flachtheile der Brust und des Rückens sind mit einköpfigen Reichsadlern geziert, die in strenger Stylisirung aufliegen, mit schwarzem Email überzogen sind und theilweise die rautenförmigen Felder ausfüllen, die mittels schwach gravirter Linien auf dem Grunde des Bruststücks eingezeichnet wurden. Um die Brustbekleidung als kaiserliches Obergewand noch kenntlicher zu machen, hat der Künstler die reichgestickten Säume des „*pallium imperiale*" durch breite Aurifrisien bezeichnet. Diese kleineren „*ligulae*" umfassen in einer Breite von 6 Mm. den obern Hals-

---

[*] Hinsichtlich der ungewöhnlich grossen Ausdehnung des Schädels Karls des Grossen vergl. die Angabe des Chronisten *Ademar ad A.* 1000 und die darauf bezügliche Anekdote.

ausschnitt und garniren, doppelt gegeneinander gestellt, die Schulterblätter, laufen in der Mitte über Brust und Rücken und dienen auch nach unten hin dem Bruststück zu einem reich ornamentirten Abschluss gegen den Sockel. Um diese Einfassungsränder noch mehr zu beleben, hat der Goldschmied frei ciselirte Ranken und Eichenblätter so aufgelöthet, dass dieses Laubwerk als Umfassung und gleichsam als gröberes Filigran in der „*Aurifrisia*" erscheint, zwischen welches eine grosse Anzahl gefasster Edelsteine symmetrisch eingeordnet ist. Diese Edelsteine, 186 an der Zahl, meistens als *cabuchons*, d. h. ohne facettirte Schleifung gehalten, erweisen sich als Saphire, Rubine, Topase, Smaragde u. a. Wie wir es an sehr vielen kirchlichen Geräthschaften des Mittelalters sowohl der romanischen wie der gothischen Kunstepoche gefunden haben, ist diese prachtvolle „*herma*", die den Schädel des grössten christlichen Helden birgt, mit einer Menge von altklassischen Gemmen und Kameen geziert, welche offenbar ohne Beachtung ihres heidnischen Bildwerkes von den christlichen Goldschmieden einfach als Edelsteine benutzt wurden, ähnlich wie die heidnischen Kapitäle und andere Ornamente in den alten Basiliken. Einen besonders grossen Werth haben acht erhaben geschnittene Kameen von ziemlichem Umfange, die theilweise wahrscheinlich Köpfe römischer Imperatoren und Matronen, theilweis mythologische Köpfe, wie das Medusenhaupt, theilweise kleinere Scenerien darstellen*). Als *fibula* (Agraffe) ist auf der Brust des Bildes und zwar auf dem mittleren Ornamentstreifen ein grosser oval geschliffener dunkelbrauner Onyx angebracht, der in der Mitte nochmals von einer Gemme überragt wird. Den grössten Kunstwerth beansprucht aber das prachtvoll in Silber getriebene Haupt des grossen Kaisers, dessen nackte Incarnationstheile matt gehalten sind. Mit grosser technischer Gewandtheit hat der Künstler, der ein Meister in der Kunst des Treibens war, die geringelten Haupt- und Barthaare des Bildwerkes behandelt. Wie an allen älteren Brustbildern ist auch hier das Haar als Goldhaar ($\chi\varrho\nu\sigma o\kappa\acute o\mu\alpha$) aufgefasst und desswegen stark in Feuer vergoldet. Nach der geschichtlichen Ueberlieferung soll Kaiser Karl eine Grösse von mehr als sieben Fuss gehabt haben, wesshalb der Künstler auch das *opus productile* dieses Brustbildes besonders in Kopf-, Schädel- und Gesichtsbildung äusserst kühn und in grossartigem Maassstabe gehalten hat.

Nach Analogie älterer Pectoralbilder waren alle Incarnationstheile des Hauptes ursprünglich mit einem kräftig fleischfarbigen Lack, der dem Email nahe kam, überzogen, dessgleichen die Augenwimpern und Augäpfel mit dieser Art von „*émail peint*" belegt. Leider hat man im missverstandenen Restaurationseifer vor einigen Jahren diese primitive Bemalung offenbar nicht ohne grosse Mühe beseitigt und auf diese Weise die ursprüngliche Physiognomie des merkwürdigen Brustbildes wesentlich gelindert. An einigen Stellen unter dem Halse, wo das Barthaar beginnt, erkennt man noch einige Reste dieser ehemaligen fleischfarbigen Glasur, woraus ihre Ursprünglichkeit deutlich hervorgeht. Hätte man die Fleischtheile nicht gleich ursprünglich mit Schmelz-Lack überziehen wollen, so würde man ebenfalls bei der Vergoldung sorgfältiger darauf bedacht gewesen sein, dass nicht ein Theil der Fleischtheile mit vergoldet worden; für Kenner bedarf es übrigens kaum einer besonderen Begründung dieser Behauptung, seitdem man durch die neuesten Nachforschungen weiss, dass nicht allein das christliche Mittelalter,

---

*) Es würde eine lohnende Arbeit sein, wenn es ein geübter Sachkenner unternähme, die vielen höchst werthvollen seltenen geschnittenen Steine der klassisch-römischen und griechischen Zeit zu bestimmen.

sondern auch die heidnische griechische, ægyptische und assyrische Kunst die Polychromirung nicht blos der statuarischen, sondern sogar der architektonischen Kunstwerke im ausgedehntestem Maasse angewendet, wie namentlich die Arbeiten von Hittorf und Lyard nachgewiesen haben.

Rings um den Schädel selbst erblickt man einen aufgenieteten, reich ornamentirten und zur Festhaltung der Krone bestimmten Bandstreifen, in der Breite von 23 Mm., welcher von dem beweglichen Krondiadem umfasst wird, so zwar, dass das Haupthaar nach mittelalterlicher Weise in einem schmalen Streifen unter der Krone vorragt.

Das ganze von der Krone umfasste Schädelgewölbe lässt sich ebenfalls abheben, ist aber mit einem Scharniergelenke seitlich befestigt. Unter ihm erscheint ein flaches silbernes nicht vergoldetes festsitzendes Schädelgewölbe, welches in der Mitte eine ungefähr zwei Zoll im Durchmesser haltende runde Oeffnung hat, in welcher der wirkliche Kaiserschädel mit seiner Scheitelhöhe frei gelassen ist, um den Verehrern zur Betrachtung und zum Kusse dargeboten zu werden.

Was die Zeit der Entstehung dieses Meisterwerkes der Goldschmiedekunst anlangt, so dürfte es nicht schwer sein, aus den vielen charakteristischen Formen ziemlich sichere Schlüsse zu ziehen.

Betrachten wir die eigenthümliche Gestaltung der goldenen Lilien auf dem Fussstück, dessgleichen die Stylisirung der schönen Eichenblättchen auf den Aurifrisien des Obergewandes näher; so glauben wir dieselben der Frühgothik zuschreiben und mithin die Anfertigung dieser „herma" in die letzte Hälfte des XIII. Jahrhunderts versetzen zu müssen.

Aehnliche reich gezierte Brustbilder schmückten in früheren Zeiten die meisten Schatzkammern der Stifts- und bischöflichen Kirchen. So zählte vor den Hussiten-Wirren der Domschatz von St. Veit nach einem Inventar vom Jahre 1387 siebenundzwanzig solcher prachtvoll in Silber getriebenen „capita". Im Schatze von St. Ursula in Köln finden sich heute noch sechszehn solcher getriebenen Brustbilder vor und in den in unserer Nähe befindlichen Kirchen von St. Corneli-Münster und von Burtscheid sind sie ebenfalls würdig vertreten.

Ausser dem künstlerischen Werthe, den dieses Brustbild beansprucht, sind die grossen historischen Erinnerungen, die sich an dasselbe knüpfen, nicht weniger beachtenswerth. Es war nämlich ehemals bei den Krönungen der deutschen Könige, die in der Aachener Stifts- und Krönungskirche über dem Grabe Karls des Grossen stattfanden, der Brauch, dass die Stiftsgeistlichkeit beim Einzuge des zu consecrirenden römischen Königs demselben bis zum Stadtthore feierlichst entgegen zog. Es wurde hierbei das Brustbild Karls des Grossen bis zum betreffenden Thore hingetragen und nachdem der Consecrandus vom Pferde gestiegen, wurde ihm die „herma" hingereicht und er küsste ehrerbietigst und wohl ohne allen Zweifel an der auf der Höhe des Scheitels durch die geöffnete Klappe aufgeschlossenen Stelle, das Haupt seines Vorfahrs, des grossen Stifters der abendländischen christlichen Kaisermonarchie.

Nro. 14. Reliquienbehälter

in Form einer Hand nebst unterem Armschenkel, enthaltend das Oberarmbein Karls
des Grossen; in vergoldetem Silber. XV. Jahrhundert.

Ganze Höhe: 33" (862 Mm.), Grösse der Hand: 18" 6''', grösste Breite: 7" 7''' (198 Mm.), Dicke: 6" 8''' (173 Mm.).

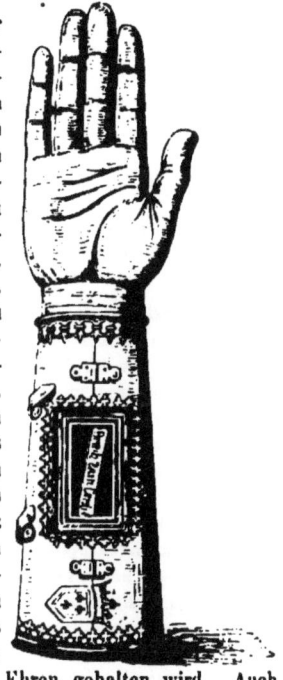

Aeltere Schatzverzeichnisse zählen unter der Bezeichnung „*brachium, brachiale, tibiale*" zahlreiche Reliquienbehälter auf, die die Bestimmung hatten, Theile vom Ober- oder Unterarm verschiedener Heiliger aufzunehmen und durch einen beweglichen Verschluss sichtbar werden zu lassen. So bewahrt der Schatz der Welfischen Fürsten im Königlichen Schlosse zu Hannover mehrere *brachia* in reicher Formentwicklung aus der romanischen Kunstepoche. Auch in der Sakristei zu St. Gereon und St. Kunibert in Köln, dessgleichen im Schatze zu Prag haben sich aus dem XII. und XIII. Jahrhundert mehrere trefflich gearbeitete Reliquiengefässe in der eben angedeuteten Form erhalten.

Noch zahlreicher sind in den Reliquienschätzen der Kathedrale des christlichen Abendlandes *brachialia* vorfindlich, die aus der gothischen Kunstepoche herrühren. Unter diesen nimmt das vorliegende Reliquiar einen hervorragenden Platz ein, nicht nur hinsichtlich seiner auffallenden Grösse, sondern mehr noch, weil es den Armschenkel jenes glorreichen christlichen Helden birgt, der als Verbreiter und Schirmherr des Christenthums und als Hort der Civilisation von den Völkern des Abendlandes in hohen Ehren gehalten wird. Auch in artistischer Beziehung verdient der in Rede stehende Reliquienbehälter Beachtung, indem er von jener grossen Fertigkeit Zeugniss ablegt, die die Goldschmiede im XV. Jahrhundert sich in der heute wenig geübten Kunst des Schlagens und Treibens erworben hatten. Die reicheren Reliquiarien in ähnlicher Form ruhen meistens auf ciselirten kleineren Fussständern, in der Regel in Form von Engeln, Löwen, Greifen u. dergl. Das vorliegende *brachiale* hat jedoch keinen besonderen künstlich gestalteten Sockel, sondern ist an seinem unteren Rande einfach mit einer fein ciselirten gothischen Laubeinfassung als Kammbekrönung verziert, die sich über einem stark profilirten Rande erhebt. Dessgleichen erblickt man eine verwandte Verzierung in Lilienform, die sich an dem oberen Rande herumzieht, wo die geöffnete Hand sich ausdehnt. Ein ähnliches spätgothisches Blattornament umzieht nach vier Seiten auch den mittleren Krystallverschluss, vermittels welchem die im Inneren befindliche Reliquie deutlich zu erkennen ist. Die auf einem Pergamentstreifen befindliche Inschrift in spätgothischen Minuskeln lautet: *Brachium sancti Caroli magni*. Einer glaubwürdigen Tradition zufolge liess König Ludwig XI. von Frankreich im Jahre 1481 diese Reliquie erheben und die vorliegende kostbare Einfassung anfertigen. Mit dieser Angabe stimmen nicht nur überein die vielen charakteristischen Einzelnheiten, die in den ebengedachten ciselirten Ornamenten sich vorfinden, sondern auch der Wappenschild Frankreichs mit den drei goldenen Linien auf blauem Felde, der von einer Lilienkrone überragt ist.

Nro. 15. Reliquiar

in Gestalt eines verschliessbaren Kreuzes, einen namhaften Theil vom heiligen Kreuze enthaltend, aus vergoldetem Silber. XII. Jahrhundert.

Längebalken: 3" 3"' (83 Mm.), Querbalken: 2" 5"' (64 Mm.).

Bekanntlich wurde die Leiche des Stifters des abendländisch christlichen Kaiserthums in das Grabgewölbe zu Aachen im Jahre 814 im vollständigen Kaiserlichen Ornat und unter Anderm auch mit einer Partikel vom heiligen Kreuz auf der Brust feierlich beigesetzt. Eine ehrwürdige Tradition, in Verbindung mit den Zeugnissen des Mönchs von Angoulême und dem Bericht Diethmars, sind wichtige Beweisstücke, dass die hier abgebildete Reliquie jenes authentische Ueberbleibsel vom Kreuzesstamme sei, das bei Eröffnung des Karolingischen Grabgewölbes unter Otto III. im Jahre 1000 in dem auf der Brust des Kaisers gefundenen Kreuze enthalten gewesen. Für die Aechtheit dieser Karolingischen Reliquie spricht ferner der technische Umstand, dass die eigentliche Kreuzpartikel eine besondere allem Ansehen nach ältere Fassung hat, die später an das kleine einfache Kreuz befestigt worden, worauf das Ganze in eine grössere Kreuzkapsel spät romanischen Ursprungs eingelegt wurde. Die eigentliche Reliquie vom heiligen Kreuz, von dunkelbrauner Farbe, ist 1" (27 Mm.) lang, an ihrem obern Ende kaum 3"' (6 Mm.) breit und wird nach unten bedeutend schmäler. Sie ist so gefasst, dass nur die Vorderfläche und das zugespitzte Ende sichtbar sind. Die drei Ränder der Einfassung sind einfach und scharf gezahnt; am obern Rande, der mit den Seiteneinfassungen nicht zusammengelöthet, sondern technisch sehr unvollkommen nur eben umgebogen ist, findet sich eine kleine runde Oeffnung, welche aller Wahrscheinlichkeit nach die ursprüngliche Befestigungsstelle ist, während gegenwärtig die Reliquie an ihrem spitzen Ende der Art mit dem kleinen Metallkreuz zusammengelöthet erscheint, dass sie noch mit einem kleinen Stück aus der alten Fassung hinaus und auf die neue hinüberragt. Da der an dem kleinen Metallkreuz befestigte Ueberrest des heiligen Kreuzes beweglich in einer grösseren verschliessbaren Kapsel aufbewahrt wird, welche wir durch beifolgende Abbildung in natürlicher Grösse veranschaulicht haben; so ist von einigen Schriftstellern irrthümlich auch dieses Reliquiar in Form eines Crucifixes in die Tage Karls des Grossen versetzt worden. Die Composition dieses Pectoralkreuzes, die Auffassung in halb erhaben getriebener Arbeit, das Fehlen des Fussbrettes (*suppedaneum*) unter den Füssen des Gekreuzigten, am meisten aber das zierliche spätromanische Laubornament, das in energischer Gravirung die Rückseite der Kreuzkapsel belebt, sind hinlängliche Belege, dass dieselbe nicht früher als in der letzten Hälfte des XII. Jahrhunderts ausgefertigt worden. Sie darf daher mit aller Wahrscheinlichkeit in die Zeit versetzt werden, wo die ehrwürdigen Ueberreste des grossen christlichen Helden Karl zum zweiten Mal durch Friedrich Barbarossa erhoben und in einen besonderen Reliquienschrein übertragen wurden. Jedenfalls aber sprechen die verschiedenen Einfassungsweisen der Reliquie sowohl für das hohe Ansehen, in welchem sie stand, wie für das die Einfassungsformen überragende Alter derselben *).

In Betreff der Kreuzkapsel erwähnen wir noch, dass dieselbe auf den zwölf Flächen ihres Randes folgende Inschrift in lateinischen Majuskeln trägt:

ECCE . CRVCEM | DNI . FV | GITE | PARTE | S . AVE | R S | E . VIC | IT | LEO. | DE . T | RIBV | VDA . | RADIX DAV | I D |

(Sehet das Kreuz des Herrn. Fliehet feindliche Mächte. Gesiegt hat der Löwe vom Stamme Juda, die Wurzel David.)

---

*) Vergl. auch die reichen und sorgfältigen Nachweisungen hierüber bei Dr. Floss a. O. S. 20—29.

Noch machen wir darauf aufmerksam, dass wahrscheinlich erst seit dem vorigen Jahrhundert das eben beschriebene Pectoralkreuz in einem andern kunstvollen Behälter aufbewahrt wird, den wir ebenfalls nebenstehend bildlich wiedergegeben haben. Dieses Gefäss hat eine Höhe von 19" 1"' (500 Mm.), bei einer Breite des Fusses von 7" 5"' (194 Mm.).

Wahrscheinlich diente in früherer Zeit dieses formschöne Gefäss als Ciborium. In den innern sechseckigen Behälter wurde alsdann, wie es bei diesen Speisekelchen gewöhnlich der Fall ist, eine cylindrische silbervergoldete Büchse eingelassen, in welcher die heilige Eucharistie aufbewahrt wurde. Auch dieser interessante Speisekelch ist wie die meisten kleinern Reliquienbehälter des Aachener Münsterschatzes durchaus architektonisch konstruirt und zwar in jenen charakteristischen Stylformen, die für das XIV. Jahrhundert in der rheinischen Goldschmiedekunst maassgebend sind. Was die reicher entwickelten Formen an dem vorliegenden Gefässe betrifft, die man leicht dem XV. Jahrhundert zuzusprechen geneigt sein mögte; so bemerken wir ein für allemal, dass bei Beurtheilung der Formgebilde, welche in der mittelalterlichen kirchlichen Goldschmiedekunst zur Anwendung kommen, ein anderer Maassstab für die Zeitbestimmung angelegt werden muss, als bei den gleichzeitigen Bauwerken. Ein langjähriger Vergleich der formschönsten Gebilde der religiösen Goldschmiedekunst in den grösseren Kathedralschätzen des Abendlandes mit den analogen Bauwerken derselben Epoche, gestützt auf viele dabei befindliche Angaben der Jahreszahl, hat uns die feste Ueberzeugung gebracht, dass die Goldschmiede in der entwickelten Gothik des XIV. Jahrhunderts in der reicheren Ausbildung von kirchlichen Geräthschaften viel weiter gehen und in dem gefügigen Material

des Goldes und Silbers zu gewagteren Formgebilden greifen konnten, als dies zur selben Zeit bei der Architektur der Fall war, die ihre Formen dem harten ungefügigen Stein unterwerfen musste. Daher finden sich häufig bei reicheren Gefässen im XIV. Jahrhundert Formgebilde wie Frauenschuh, Fischblase, geschweifter Bogen, die der heutigen Annahme zufolge bei der Architektur erst mit dem XV. Jahrhundert zur Geltung kommen.

Wir machen schliesslich noch auf den schönen Kranz von zwölf silbernen äusserst zierlich und stylgerecht behandelten Statuetten aufmerksam, welche die sechs Flächen des Speisekelches zieren. Zwei derselben stellen einen Englischen Gruss dar, wobei ganz abweichender Weise der Engel stehend auf einer Art Mandoline spielt.

Nro. 16. Horn Karl's des Grossen

aus einem Elephantenzahn geschnitzt, mit figuralen Skulptirungen. IX. Jahrhundert.

Grösste Länge der Bogensehne 22" (575 Mm.), grösster Durchmesser der ovalen Oeffnung mit der Einfassung 5" (130 Mm.).

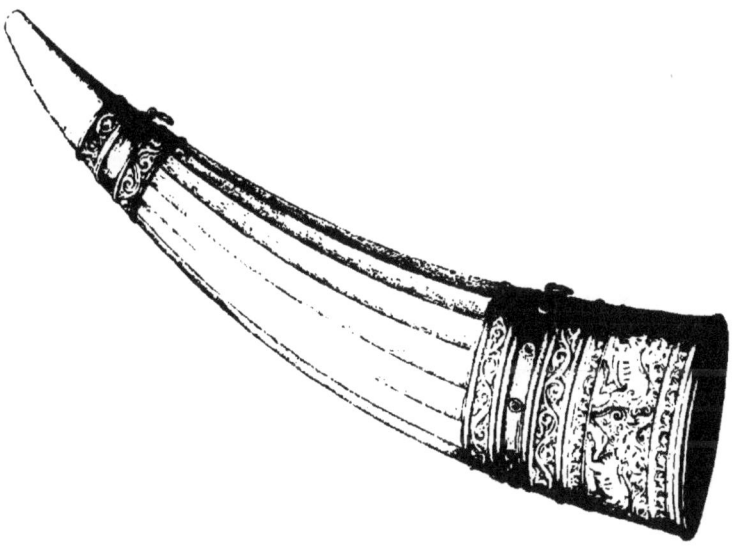

Auf weiten Forschungsreisen sind uns in den letzten Jahren vier bis fünf *cornua sufflatilia* in ähnlicher Gestalt und Ornamentation zu Gesicht gekommen, die Anhaltspunkte zur annähernden Bestimmung an die Hand geben, aus welchem Lande das vorliegende Blashorn stammen und in welchem Jahrhundert dasselbe seine Entstehung gefunden haben dürfte. Offenbar ist das Horn orientalischen Ursprungs, gleich den übrigen Hörnern in Elfenbein, die wir näher in Augenschein zu nehmen Gelegenheit hatten. Für diese Conjectur sprechen, ausser dem orientalischen Material des Elfenbeins, die Wahl, Anordnung und Ausführung der Ornamente, welche in bedeutender Breite an der obern Umrandung des im Ganzen sehr einfachen und nur polygon geschnittenen Hornes sich vorfinden. Der etwa 90 Mm. breite Rand an der untern Mündung zeigt reiche Skulpturen, die theilweise der Pflanzen- und theilweise der Thierwelt angehören. Schon das Mittelalter bezeichnete Ornamente, die der vegetabilischen und animalischen Schöpfung zugleich entlehnt waren, mit dem Namen „Arabeske" und wies durch diese Benennung nach unserem Dafürhalten ganz richtig auf das Land hin, dem diese sinnreichen und manchfaltigen Compositionen ihre Enstehung zu verdanken hatten. Es dürfte schwer halten, die Thiergebilde, die viermal in derselben Form wiederkehrend sich an der obern Randeinfassung befinden, einer bestimmten der bekannten Thiergattungen zuzuschreiben. Viele Aehnlichkeit haben dieselben mit unserer Hirschkuh und dem Rind; am meisten aber scheinen sie uns mit den äusserst zierlichen und zahlreichen Formen der Gazellenarten des Orients übereinzukommen. Diese Thiere befinden sich in gebückter Stellung, gleichsam von der Jagd ermüdet in dem Moment dargestellt, wo sie von Jägern ereilt werden.

Interessanter und charakteristischer noch als die Formation dieser Thiergebilde scheinen uns die Laubornamente zu sein, von welchen die Thiergestalten umgeben sind.

Nach genauer Besichtigung einer grossen Zahl von gewebten Seidenstoffen, die ihren orientalischen Ursprung durch eingewirkte Neschi-Inschriften offen an den Tag legten, sind wir in der Lage, mit ziemlicher Sicherheit die Behauptung aufstellen zu können, dass diese Ornamente von einem orientalischen Elfenbeinschnitzer ausgeführt seien, der wie es scheint die Skulpturen solcher *cornua sufflatilia* in einfach schlichter Technik fast handwerksmässig zu halten gewohnt war. Wir machen ferner aufmerksam auf die eigenthümliche ächt orientalische Formation der schmälern Einfassungsränder, mit welcher die mittlere Scenerie auf beiden Seiten abgerandet wird. An jener Stelle, wo das Tragband des Hornes seine Stelle finden sollte, hat der Arbeiter einen tieferen Einschnitt offen gelassen, der durch zwei breite Abfassungsränder begränzt ist. Innerhalb derselben befindet sich ein breiter mit Edelsteinen besetzter Metallrand, der dazu dient, an einem Ringe die Kette mit dem reich ornamentirten Tragbande (*balteus*) zu befestigen. Offenbar rühren diese beiden silbervergoldeten Metallringe zu beiden Seiten des Hornes, desgleichen auch der obere silbervergoldete Einfassungsrand aus einer späteren Kunstepoche, wie das unverkennbar gothische Ornament und der kleine als Zierrath eingegossene Vierpass, womit der obere schmale Rand geschmückt ist, zu erkennen geben. Auch die Fassung der Edelsteine (Saphire und Amethyste) auf den breiteren Ringen zeigen deutlich, dass diese Einfassungs- und Befestigungsränder gegen Mitte des XIV. Jahrhunderts als reicherer Schmuck an den besagten Stellen hinzugefügt worden. Noch verweisen wir auf die offenbar orientalische Ausprägung jener skulptirten Ornamente, welche in den erhaben geschnitzten Bandstreifen, auf beiden Seiten der silbervergoldeten Umfassungsringe, ersichtlich sind. Diese früh-romanischen Pflanzengewinde mit charakteristischen Blättern haben einen vollständig karolingischen Typus und zeigen viele Analogie mit den in Goldblech getriebenen schönen Laubwerken und Arabesken, die auf beiden Seiten der Scheide des berühmten Kaiserschwertes, das als Geschenk Harun al Raschids an Karl den Grossen angesehen wird, ersichtlich sind. Endlich machen wir noch auf die interessante Ornamentation des Gürtels aufmerksam, der offenbar als spätere ornamentale Zuthat zu erkennen gibt, dass er gleichzeitig mit den oben beschriebenen silbervergoldeten Einfassungsrändern seine Entstehung gefunden. Es ist nämlich auf einem schmalen Bandstreifen von Genueser Sammt, in Breite von 55 Mm., ein höchst merkwürdiges Legendarium ersichtlich, das in silbervergoldeten, sehr zierlichen gothischen Minuskelbuchstaben viermal die Worte „*dein eyn*" wiederholt. Denselben Spruch hat der Goldschmied auf den beiden Schliessern dieses Gürtels in geschlungenen Spruchbändern gravirt. Es sind über diese originelle Sentenz in letzteren Zeiten mehrere Conjecturen aufgestellt worden, die mehr oder weniger an Unwahrscheinlichkeit kränkeln. Wenn wir veranlasst würden, auch unsere Ansicht darüber geltend zu machen, so möchten wir denselben als eine Art Rebus auffassen, welcher ausgeführt lauten würde: „Dein eyn (eigen) Horn," oder „Dein Ein(horn)".

Es dürfte bei Gelegenheit der Beschreibung dieses merkwürdig skulptirten Jagdhorns Karls des Grossen von Interesse sein, die Frage zu stellen: 1. wozu bediente man sich im Mittelalter, sei es zu profanen oder zu religiösen Zwecken, eines solchen „*cornu sufflatile*" und 2. wo haben sich heute noch ähnlich skulptirte Blashörner erhalten? Hinsichtlich des Gebrauches solcher Blasinstrumente, theilweise als Kriegs-, theilweise als Luxuswaffen, weisen wir darauf hin, dass es bei den alten germanischen Völkern Brauch war, auf Büffelhörnern die Ihrigen zum Kampfe zu ermuntern, nicht weniger aber auch sich solcher Hörner bei Gelagen zu bedienen, um das deutsche Meth daraus zu trinken. Dass unter andern bei den Jazygen ähnliche reich skulptirte Elephantenhörner als Kriegswaffen in Gebrauch waren, beweist jenes merkwürdige skulptirte Horn, welches wir in einem Cisterzienserkloster Ungarns, im Lande der alten Jazygen, noch vor wenigen Jahren vorgefunden haben *), auf welchem der Anführer in jener mör-

---

*) Dasselbe befindet sich in der Kaiserburg zu Wien bei den übrigen Kleinodien des heil. römisch-deutschen Reiches.

derischen Schlacht auf dem Lechfelde die Seinigen nochmals zu verzweifeltem Kampfe zusammengerufen habe, in dem Augenblicke, wo er getödtet wurde. Diese reich ornamentirten Kriegs- und Jagdhörner kamen früher oder später in Besitz der Kirchen und pflegten, weil eine merkwürdige Sage zumeist damit in Verbindung gebracht wurde, als *curiosa* in den Schätzen grösserer Stifts- und Kathedralkirchen aufbewahrt zu werden, oder es wurden dieselben als Reliquienbehälter in kirchlichen Gebrauch genommen, indem man Ständer in Form von Greifenklauen damit in Verbindung brachte oder an reichverzierten Gürteln dieselben befestigte, damit sie bei Bittgängen und Prozessionen als Reliquiarien umhergetragen werden konnten *). Auch wurden ähnliche Hörner in den ältern Stifts- und Abteikirchen vor Einführung der Glocken von dem Hebdomadar gebraucht, der durch das Quadrum schreitend den Ruf des Hornes erschallen liess, um die Klostergemeinde zu den kirchlichen Tagzeiten zusammen zu rufen. Zur Beantwortung des zweiten Fragepunktes bemerken wir, dass sich unseres Wissens nur wenige solcher sculptirten „*buccinatoria*", oder „*tubae*" in Elfenbein aus so früher Zeit erhalten haben. Hierher sind besonders zu rechnen jene zwei grossartigen Kriegs- und Jagdhörner, die sich im Schatze des St. Veits-Domes zu Prag auf dem Hradschin befinden. Diese beiden merkwürdigen Blashörner als Kriegswaffen zeigen eine auffallende Uebereinstimmung in der Art und Stellung der Ornamentation mit dem Jagdhorn Karls des Grossen und es sind dieselben ohne Zweifel als orientalische Skulpturen zu betrachten, wie sie in dieser originellen Weise noch heute wiewohl selten im Orient angetroffen werden. Wir verweisen auf die ausführlichere Beschreibung dieser *Cornua* nebst Zeichnung in unserer Abhandlung unter der Ueberschrift: „Geschichte der sculptirten Elfenbeinhörner des Mittelalters" in dem Werke „Monumente des Oesterreichischen Kaiserstaates" von 1859.

Noch fügen wir hinzu, dass, gleichwie eine ehrwürdige Tradition das Horn des Aachener Schatzes dem Stifter der grossen abendländischen Kaisermonarchie zuschreibt, so die Schatzverzeichnisse des XIV. Jahrhunderts von St. Veit über die beiden Hörner berichten, dass Karl IV., der Luxemburger, bekannt durch seinen Sammelgeist in religiösen und profanen Kostbarkeiten und Seltenheiten, dieselben Hörner „*Olefant*" vom Rheine her und zwar von Rolandswert mit heimgeführt habe und dass sie vom Helden Roland in der fürchterlichen Bergschlacht zu Roncevalles im Kampfe gegen den Halbmond geblasen worden seien.

---

*) Solche Hörner als Reliquiargefässe befinden sich heute noch in St. Cornely-Münster bei Aachen, in der St. Servatiuskirche in Maastricht, im Domschatz zu Gran u. s. w., während andere als Trinkhörner bekannt sind, die als Schaugefässe bei fürstlichen Gelegenheiten gebraucht wurden.

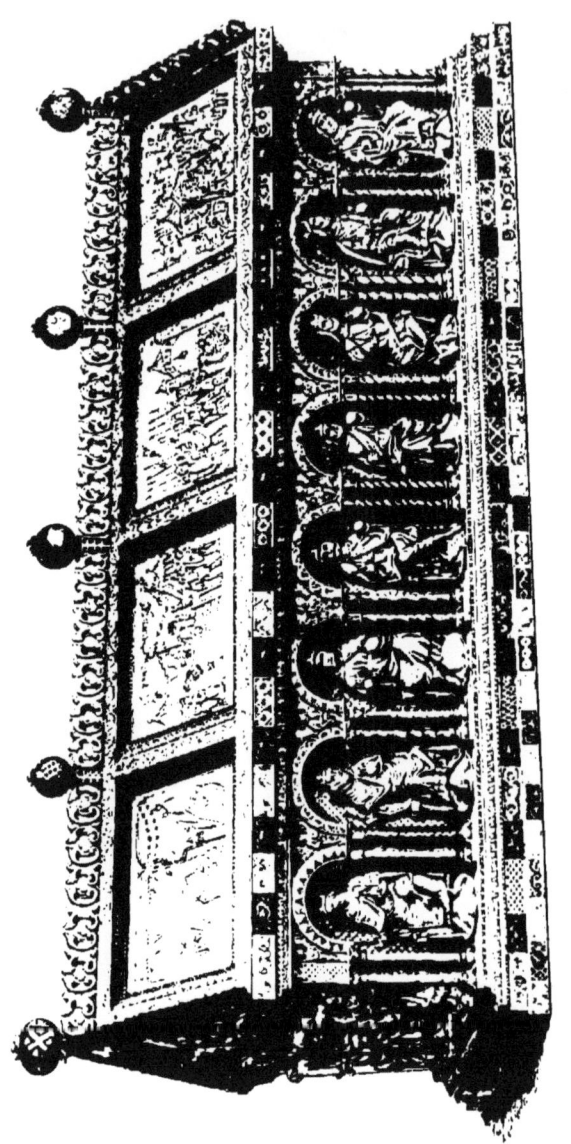

Reliquienschrein mit den Gebeinen Carls des Großen

Nro. 17. Reliquienschrein,
enthaltend die Gebeine Karls des Grossen. XII. Jahrhundert.

Seit der frühesten Zeit des Christenthums pflegte man die Kirchen über den Gräbern der Heiligen zu erbauen und erhielt der Hauptaltar eine solche Stelle und Anordnung, dass er meistens in der obern Kirche genau über dem in der Unterkirche oder Gruft (Krypta) befindlichen Grabe des Heiligen sich erhob und mit demselben in unmittelbarer Verbindung stand. Die ganze Kirche war also gleichsam als Mausoleum des betreffenden Heiligen zu betrachten. Mit dem XI. Jahrhundert jedoch, wo auch der Altar selbst eine grössere künstlerische Ausbildung erlangte, erhob man in mehreren Kirchen des Abendlandes die Gebeine der Heiligen aus der unteren Grabeskirche, brachte sie dem Auge der Gläubigen näher und setzte sie vielfach auf dem Altartische in kostbaren und reich verzierten Schreinen bei, denen man auch im Aeussern die Form einer Kirche oder einer Kapelle verlieh. So sind namentlich im XII. und XIII. Jahrhundert eine Menge von kunstreichen Reliquienschreinen angefertigt worden, die als christliche Mausoleen den Zweck hatten, den Aufsatz der Altäre an Festtagen zu'schmücken und das Andenken an den betreffenden Heiligen zu verherrlichen. Unter den vielen grösseren Reliquienschreinen, die heute die Erzdiözese Köln noch als vollendete Meisterwerke der kirchlichen Goldschmiedekunst aufzuweisen hat, bewahrt der Schatz zu Aachen unstreitig zwei der ausgezeichnetsten, die sich zugleich bis zur Stunde noch der sorgfältigsten Erhaltung zu erfreuen haben.

Wie ältere Chronisten berichten, eröffnete Kaiser Otto III. im Jahre 1001 das Grab seines grossen Ahnherrn Karl, das durch die verwüstenden Einfälle der Normannen unkenntlich geworden war. Im Jahre 1166 wurde durch Friedrich Barbarossa die Grabesruhe des grossen Kaisers zum zweiten Male gestört. Dieses Mal geschah es jedoch in der Absicht, nach vollzogener Seligsprechung des grossen christlichen Helden seine Gebeine aus dem Grabe zu erheben und in einem prachtvollen Schrein zur öffentlichen Verehrung beisetzen zu können. Es ist nicht wahrscheinlich, dass bei dieser Erhebung der Prachtschrein, den wir heute bewundern, zum Zwecke der Uebertragung sich bereits fertig vorgefunden habe. In der That berichtet auch ein älterer Schriftsteller, dass die irdische Hülle Karls des Grossen vorerst in einen hölzernen Sarg gelegt worden sei. Seine feierliche Erhebung und Seligsprechung wird jedoch sowohl Friedrich I., als auch den dankbaren Bewohnern Aachens erwünschte Gelegenheit geboten haben, um mit allen Mitteln der Kunst auszustatten, der vor allen anderen Städten des christlichen Abendlandes Aachen zu seiner langjährigen Residenz und zu seiner endlichen Ruhestatt auserkoren hatte. Da gleichzeitige Schriftsteller eines kostbaren, mit Edelsteinen verzierten Schreins Erwähnung thun, worin die irdischen Ueberbleibsel Karls des Grossen niedergelegt worden seien; da ferner ein sorgfältiger Vergleich der stylistischen Eigenthümlichkeiten an dem vorliegenden Prachtschreine dieselben als durchaus übereinstimmend mit denen an beglaubigten Schreinwerken des XII. Jahrhunderts zu erkennen gibt; da endlich auch grosse Styl- und Formverwandtschaften zwischen dem vorliegenden Reliquienkasten und der Lichterkrone vorwalten, die im Karolingischen Oktogone schwebt und einer Inschrift zufolge als Geschenk von Kaiser Friedrich Barbarossa herrührt: so nehmen wir ohne Bedenken an, dass unsere *lipsanotheca* unmittelbar nach der feierlichen Erhebung der Gebeine Karls des Grossen angefertigt und noch im dritten Viertel des XII. Jahrhunderts vollendet worden sei. Mit dieser Annahme steht nicht in Widerspruch der Bericht eines späteren Chronisten, der erzählt, dass der Enkel Friedrich Barbarossa's, Kaiser Friedrich II., jenen prachtvollen Sarkophag, den die Aachener aus Gold und Silber zur Aufbewahrung der Gebeine Karls des Grossen hätten anfertigen lassen, mit Hammer und Nägeln eigenhändig verschlossen habe. Es dürfte nämlich die Anwesenheit Kaisers Friedrich II. 1215 den Aachenern erwünschte Gelegenheit geboten haben, um den bereits länger vollendeten Prachtschrein auf der Mensa des Hauptaltars aufzustellen und durch Kaiserliche Hand feierlich verschliessen zu lassen. Dass unmöglich der vorliegende Schrein in den Tagen Friedrichs II. angefertigt sein könne, dafür zeugt nicht nur die Anlage und Construction des Schreines mit seinen schweren Rundbogen, sondern mehr noch die grosse formelle und stylistische Verschiedenheit desselben von jenem prachtvollen Schreinwerke, worin gegenwärtig die grossen Reliquien aufbewahrt werden, und welches nachweislich unter der Regierung Friedrichs II. Entstehung und Vollendung gefunden hat.

Was die Gestalt und ornamentalen Einzelnheiten dieses Schreines betrifft; so lässt sich nicht verkennen, dass derselbe sowohl im Ganzen und Grossen, wie im Einzelnen an die älteren Reliquienschreine aus dem XII. Jahrhundert sich anschliesse, unter denen wir die Reliquienschreine des heiligen Heribert in der Pfarrkirche zu Deutz, des heiligen Anno in der Kirche zu Siegburg und des heiligen Albanus zu St. Maria in der Schnurgasse zu Köln hervorheben. Uebereinstimmend mit diesen zeigt auch der vorliegende Reliquienkasten in quadratisch länglicher Anlage gleichsam die Form des Langschiffes einer Basilika mit geradlinig abschliessenden Kopftheilen. Dadurch, dass das kleine architektonisch gegliederte Bauwerk mit einem Satteldache abschliesst, erhalten die beiden Fronten der Schmalseiten einen Abschluss in Giebelform, die der Goldschmied mit getriebenen Bildwerken künstlerisch verziert hat. Auf dem einen Kopftheil des Schreines erblickt man, wie bei allen ähnlichen Reliquienschreinen, gleichsam die *beatificatio* jenes Heiligen bildlich dargestellt, dessen Gebeine im Innern ruhen. Halb erhaben in getriebener Arbeit erscheint hier, umgeben von den Standbildern des Papstes Leo III. und des Bischofes Turpin, Karl der Grosse, sitzend auf einer Thronbank, wie er in seiner Rechten das Liebfrauen-Münster von Aachen in gothischer Form als Erbauer dessen trägt*). Ueber dem Haupte des Seligen ersieht man, von einem Kreis-Medaillon umschlossen, das Brustbild Gottes des Vaters, der die Rechte segnend erhoben hat und in der Linken das Buch des Lebens trägt — eine Darstellung, die auch an den obengenannten Reliquienschreinen in ähnlicher Auffassung wiederkehrt und Bezug zu haben scheint auf die Stelle der Schrift: „Wohl dir, du guter und getreuer Knecht, weil du über Weniges getreu gewesen bist, will ich dich setzen über Vieles: geh' ein in die Freude des Herrn." Die beiden kleinern Medaillons zu beiden Seiten der *Majestas Domini* scheinen schon frühzeitig abhanden gekommen zu sein. Sie mögen analog mit den Bildwerken an andern gleichartigen Reliquienschreinen entweder Halbbilder von Engeln gewesen sein, die gewöhnlich Leidenswerkzeuge tragen, oder auch allegorische Darstellungen von weiblichen Figuren, welche jene Tugenden vorzustellen pflegten, die den Seligen in seinem Leben besonders ausgezeichnet haben. Auf dem gegenüberstehenden schmalen Kopftheil findet man, wie es bei den meisten Reliquienschreinen dieser Epoche der Fall ist, die allerseligste Jungfrau, sitzend auf einer Thronbank unter dem mittlern Kleeblatt-Bogen. Maria als Himmelskönigin hält auf ihrem Schoosse den göttlichen Knaben, der segnend die Hand erhoben hat. Zur rechten Seite der Himmelskönigin erblickt man das stehende Bildwerk des Erzengels Michael, zur Linken das des Erzengels Gabriel. Ueber dem Haupte der Gottesgebärerin ist als Füllung des Giebels ein Medaillon ersichtlich, aus welchem sich in halb erhabener Arbeit die Halbfigur einer allegorischen weiblichen Figur erhebt, welche durch einen lateinischen Spruch gekennzeichnet wird, der zu Deutsch lautet: „Das ist die Tugend der Liebe, welche Alle vereint."

Zu beiden Seiten dieses grössern Medaillons befinden sich kleinere filigranirte Kreiseinfassungen, die ebenfalls die Halbbilder von allegorischen weiblichen Figuren in getriebener Arbeit umschliessen, welche, wenn auch die erläuternde Inschrift fehlt, jedenfalls als die Repräsentantinnen jener Tugenden aufzufassen sein dürften, die in dem ebenerwähnten Sinnspruche einbegriffen sind.

Anstatt der zwölf Apostel, die an den übrigen gleichzeitigen Reliquienschreinen der Erzdiözese Köln unter den Bogennischen der beiden Langseiten thronen, hat der Goldschmied in Uebereinstimmung mit dem plastischen Bilderschmuck der ebenbeschriebenen Kopftheile unter den acht Bogenblenden in getriebenem Silberblech die sitzenden Bildwerke jener deutschen Könige und Kaiser plastisch angebracht, die im Laufe dreier Jahrhunderte auf dem Stuhle des grossen Ahnherrn Karl inaugurirt worden sind. Wir hatten seither in Folge der unpraktischen heutigen Aufstellung des Karlsschreins nicht Ge-

---

*) Sowohl die Krone auf dem sitzenden Bildwerke als auch das Modell des Münsters, das er auf der Hand trägt, sind nicht die ursprünglichen, sondern sind, wie die Formen deutlich bekunden, im XV. Jahrhundert ergänzt worden.

legenheit, denselben von der andern Langseite näher in Augenschein nehmen zu können, die jener Seite entgegengesetzt ist, welche unsere Abbildung bildlich vorführt. Desswegen stützen wir unsere folgende Beschreibung der getriebenen Bildwerke deutscher Könige und Kaiser, sowie der übrigen Flachgebilde auf der Bedachung des Schreines auf die eingehende historisch-kritische Beschreibung, die vor Kurzem über den Reliquienschrein Karls des Grossen veröffentlicht worden ist *).

Wir geben hier die Aufzählung derjenigen sitzenden Statuetten deutscher Könige und Kaiser, die in getriebenem Silberblech zunächst auf jener Langseite bildlich wiedergegeben sind, welche in unserer Abbildung sich darstellt. Die Kaiserbilder von Nro. 9 bis 16 sind in vorliegender Abbildung dem Auge verborgen und nach Angabe des Herrn Kaentzeler ergänzt. Dem Kopftheile unserer Zeichnung zunächst ersieht man die Bilder der Kaiser in sitzender Stellung in dieser Reihenfolge:

1. Heinricus III. Imperator Romanorum.
2. Zendeboldus Rex Romanorum.
3. Heinricus V. Imperator Romanorum.
4. Heinricus IIII. Imperator Romanorum.
5. Otto IIII. Imperator Romanorum.
6. Heinricus primus Rex Romanorum.
7. Lotharius Imperator Romanorum.
8. Ludewicus Pius Imperator Romanorum.

Auf der entgegengesetzten, der Besichtigung entzogenen Rückseite thronen unter den entsprechenden acht Bogennischen die Bildwerke folgender Könige:

9. Beatus Heinricus I. Imperator Romanorum.
10. Otto tercius Imperator Romanorum.
11. Otto primus Imperator Romanorum.
12. Otto secundus Imperator Romanorum.
13. Carolus Imperator Romanorum.
14. (Fehlt die Umschrift um die Statue.)
15. Heinricus VI. Imperator Romanorum.
16. Fridericus Rex Romanorum et Siciliae.

Sämmtliche Bildwerke der deutschen Könige und Kaiser sind, was die Gesichtszüge betrifft, ziemlich charakteristisch gehalten. Die Kaiserbilder sind bekleidet mit den Königlichen Krönungs-Pontifikalien, Dentubialien, der Tunika, dem Paludamentum, ähnlich wie auf dem Krönungsschwerte des heiligen Mauritius, das sich unter den übrigen Reichskleinodien im Schatze der Hofburg zu Wien befindet, die verschiedenen Könige, in Goldblech

---
*) Vergl. die interessante Abhandlung: „Der die Gebeine Karls des Grossen enthaltende, im Münsterschatze zu Aachen befindliche Behälter, beschrieben von P. St. Kaentzeler. Aachen, 1859."

getrieben, dargestellt sind. Die Häupter sämmtlicher Bildwerke sind mit einer Lilienkrone geschmückt und hält die Linke den Reichsapfel, während die Rechte das Szepter gefasst hat. Wie der Augenschein lehrt, sind die ausdruckslosen Kreuze auf den Reichsäpfeln in dieser flachen Form in späterer Zeit hinzugefügt worden.

Mit Grund stände es zu befürchten, für die Zwecke dieser Schrift zu ausführlich zu werden, wollten wir es versuchen, hier die verschiedenen Flachgebilde mit ihrem Figurenreichthum und ihren merkwürdigen Inschriften zu deuten, womit die quadratischen Tieffelder der beiden Bedachungsflächen geschmückt sind *). Wir beschränken uns desswegen darauf, nur in kurzen Zügen auf den grossen artistischen und historischen Werth dieser vielen Basreliefs aufmerksam zu machen, zumal in der unten angeführten trefflichen Monographie eine ausführliche Erklärung der Bildwerke, sowie die Lesung der bezüglichen Inschriften zu finden ist. Gleichwie an den beiden Kopftheilen des Mausoleums Karls des Grossen die himmlische Verherrlichung des vielgefeierten Stifters der abendländischen Kaisermonarchie zu ersehen ist, wobei gleichsam als Zeugen die deutschen Kaiser und Könige in langer Reihe zu beiden Seiten des Schreins dargestellt sind; so hat der Künstler es nicht unterlassen, auf den Bedachungsflächen die hervorragenden Thaten jenes christlichen Helden plastisch wiederzugeben, dessen sterbliche Ueberreste in dem Sarkophag die irdische Ruhe gefunden haben. Sämmtliche acht Szenen, kunstreich in dünnem Rothkupfer getrieben und stark im Feuer vergoldet, verherrlichen die Kriegsthaten Karls des Grossen, die er als Vorkämpfer des Glaubens gegen die Mauren in Spanien und der Dichtung zufolge sogar im heiligen Lande gegen die Ungläubigen verrichtet haben soll. Diese sämmtlichen Darstellungen sind dem bekannten Sagenkreise entlehnt, den die Volkspoesie wenige Jahrhunderte nach dem Tode des grossen Kaisers ausgemalt hat und deren eigentlicher geschichtlicher Kern in der Lebensbeschreibung gleichzeitiger Chronisten zu finden ist. Den vier Darstellungen aus dem spanischen Feldzuge Karls des Grossen, die auf unserer Abbildung in verschrobener Perspective erscheinen, sind auf der entgegengesetzten Flachseite vier Szenen in halb erhabener Arbeit entgegengestellt, die, wie eben bemerkt, den vielbesungenen Feldzug in das heilige Land darstellen, der in der Wirklichkeit niemals stattgefunden hat. Da die Entstehungszeit

---

*) Nachdem wir in letzten Jahren Behufs eines eingehenden Studiums der mittelalterlichkirchlichen Goldschmiedekunst fast sämmtliche gekannte Kunst- und Reliquienschätze in den Kirchen des christlichen Abendlandes genauer besichtigt haben; sind wir trotz des Entgegenwirkens von einer Seite in dem Entschlusse bestärkt worden, später in einem umfangreichen Werke, unter Beigabe illuminirter Abbildungen in grossem Maasstabe, den Schatz der alten Krönungskirche in grösster Vollständigkeit so zu veröffentlichen, dass jedes Werthstück eine möglichst erschöpfende archäologisch-wissenschaftliche Darstellung in Text und Bild finde. Die vorliegende Arbeit in bescheidenem Umfange möge als Vorläufer dieser beabsichtigten Monographie sämmtlicher Kunstschätze des Aachener Münsters betrachtet werden.

des vorliegenden Prachtschreines in jene Tage fällt, wo das Abendland schaarenweise seine glaubensmuthigen Streiter in den Orient sandte, um jene heiligen Stätten wieder zu gewinnen, wo der Heiland im Fleische gewandelt; so ist es erklärlich, dass man zur Ausschmückung der Grabesstätte des grössten christlichen Helden Darstellungen wählte, die seine Thaten als siegreichen Kämpfer gegen den Erbfeind des Christenthums veranschaulichten, welcher nicht nur im Besitze der heiligen Stätten, sondern auch der berühmtesten Heiligthümer der Christenheit sich befand.

Verweilen wir nach diesen kurzen Angaben über die vielen Bildwerke, womit der vorliegende Sarkophag auf's reichste geschmückt ist, noch einige Augenblicke bei der Betrachtung der technischen und artistischen Eigenthümlichkeiten, die sich an den vielen Einzelheiten des Schreines vorfinden; so dürfte zuerst die künstlerische Vollendung in die Augen fallen, mit welcher sämmtliche sitzende Bildwerke, sowie die Flachgebilde der Bedachung für den Stand der damaligen plastischen Kunst ausgeführt sind. Erwägt man nämlich die vielen Schwierigkeiten, die sich beim Treiben von erhabenen Bildern in Metallblechen dem Hammer des Künstlers entgegenstellen: so muss man zugeben, dass trotz der etwaigen Härten des Styles sämmtliche figürliche Darstellungen mit grosser Naturwahrheit und einem unverkennbaren Streben nach möglichster Individualisirung ausgeführt sind, wie es bei wenigen Schreinen aus dem letzten Viertel des XII. Jahrhunderts der Fall ist. Ausser der grossen Menge von getriebenen Bildwerken, die unsern Schrein auf allen Seiten beleben, hat der Künstler die kleineren einfassenden und umrahmenden Flächen mit einer Menge von kunstreich gearbeiteten Belegplättchen verziert, die abwechselnd eingravirte romanische Laubornamente tragen, abwechselnd mit vielfarbigen Füllungsschmelzen gemustert sind. Selbst die freistehenden Säulchen, die auf beiden Langseiten die Rundbogen der vertieften Nischen tragen, sind mit dem ebengedachten *émail champ levé* in den zierlichsten Ornamenten verziert, die immer neue Motive zu erkennen geben. Ausser an diesen getriebenen und eingeschmelzten Arbeiten hat der Goldschmied namentlich an dem reichdurchbrochenen Abschlusskamme auf der First der Bedachung, so wie an den fünf Knäufen seine Meisterschaft in gegossenen ciselirten und emaillirten Arbeiten bekundet. Auch eine Menge von Filigranarbeiten mit zierlich gefassten Edelsteinen, unter welchen sich als Steine ohne Schleifung (*cabochon*) besonders Saphire, Rubine, Karneole und Amethyste geltend machen, gereichen unserm Schreinwerk zum seltenen Schmucke. Beachtenswerth ist endlich noch ein eigenthümlich geschliffener grauer Chalcedonzapfen, welcher in ganz gleicher Figurirung und Fassung öfter an der viel älteren Evangelienkanzel Heinrichs des Heiligen vorkommt. Aus dem eben Gesagten dürfte schliesslich entnommen werden, dass der Goldschmied, aus dessen Händen das vorliegende Meisterwerk hervorgegangen ist, in entsprechender Weise alle damals gebräuchlichen Arten der Technik in grösster Vollendung angewandt hat, um die Begräbnissstätte des grossen

Kaisers würdig auszustatten. Es bleibt nur noch die Frage zu erörtern: ist der eben beschriebene kostbare Sarkophag in Aachen und sogar von einem Aachener Goldschmied angefertigt worden, oder hat er anderswo seine Entstehung gefunden? Aus einer merkwürdigen Stelle des Lütticher Mönches Reiner, die in letzter Zeit öfter angeführt worden ist, muss allerdings gefolgert werden, dass die Einwohner Aachens grösstentheils die Mittel beschafften, vermittels welcher der herrliche Schrein angefertigt wurde. Dass aber das treffliche Kunstwerk in Aachen selbst und durch Aachener Goldschmiede seine Entstehung gefunden habe, lässt sich aus obiger Stelle nicht herleiten und dürfte sehr zu bezweifeln sein. Bekanntlich hatte Aachen in der letzten Hälfte des XII. Jahunderts, als der Schrein seine Entstehung fand, noch eine ziemlich beschränkte Ausdehnung; erst im XIV. Jahrhundert erweiterte sich die Stadt um ein Bedeutendes und gewann jene Umfangsmauern mit mächtigen Wachtthürmen und Einlassthoren, die heute noch in stattlichen Ueberresten sich erhalten haben. In jenen Tagen, wo die Krönungstätte der deutschen Könige eine grössere Häusergruppe bildete, die sich um die Pfalzkapelle angelagert hatte und in Aachen von einer Entwickelung der Kunstgewerke im grösseren Umfange nicht wohl die Rede sein konnte, hatten sich in unmittelbarer Nähe zwei bischöfliche Städte bereits zu hoher Blüthe emporgeschwungen, nämlich Köln und Lüttich. Zu welcher Entwickelung und Höhe alle Zweige der Kunst in dem nahen Lüttich, mit dem Aachen im Diözesanverbande stand, bereits in früher Zeit emporgestiegen waren, ist aus einer neulichst gekrönten Preisschrift zu entnehmen, die die ungeahnte grossartige Thätigkeit der verschiedenen Kunstgewerke im Mittelalter in der Stadt des heil. Lambert genau nachweist. Welche Stufe der Ausbildung namentlich die religiöse Goldschmiedekunst in dem Mauerringe der benachbarten Bischofsstadt an der Maas schon im XII. Jahrhundert erreicht hatte, zeigt sich deutlich, wenn man die gleichzeitigen Reliquienschreine betrachtet, die heute noch in der früheren Stiftskirche zu Huy, ferner in der Kathedrale zu Tournay, in St. Servatius zu Maestricht und in der ehemaligen Reichsabtei zu Stablo aufbewahrt werden.

Diese fünf grösseren Schreinwerke tragen den Stempel einer und derselben Schule und dürften in ihren vielen technischen Eigenthümlichkeiten nicht mit der berühmten *confraternitas aurifabrorum* in Köln in Verbindung zu setzen, sondern eher von der religiösen Verbrüderung der Metallkünstler in Lüttich herzuleiten sein. Was bedarf es aber vieler Worte, um auf den Vorrang und die Bedeutung der Metropole Köln hinzuweisen, die dieselbe seit den Tagen der Ottonen bis nach Ablauf des Mittelalters auf allen Gebieten der Kunst vor allen übrigen Städten Deutschlands eingenommen hatte[*]). Besitzt nicht

---

[*]) Vergl. unser Werk: Das heilige Köln, Beschreibung der mittelalterlichen Kunstwerke in seinen Kirchen und Sakristeien aus dem Gebiete der Paramentik und der kirchlichen Goldschmiedekunst. Leipzig. bei T. O. Weigel.

heute noch die Erzdiözese Köln mehr als zehn grössere Reliquienschreine, die hinsichtlich ihrer Gestalt und technischen Ausarbeitung vollkommen mit unserem Karlsschreine übereinstimmen, abgesehen von jenen prachtvollen Sarkophagen, die der Chronist Gelenius noch im XVII. Jahrhundert in Köln aufzählt und die in dem Schmelztiegel aufgeklärter Volksbeglücker ein trauriges Ende gefunden haben. Wir tragen die volle Ueberzeugung, dass sowohl die eben besprochene Grabesstätte Karls des Grossen, wie die unter Nro. 12 beschriebene *arca B. M. V.* nur von einer Schule oder religiösen Genossenschaft von Metallkünstlern herrühren kann, bei welcher die Formbildungen wie das technische Machwerk sich Jahre hindurch vererbt hatten. Solche vollendete Meisterwerke mittelalterlicher Goldschmiedekunst können unmöglich als Leistungen einer vereinzelten Meisterwerkstätte in einer kleineren Stadt betrachtet werden. Vergleicht man eingehender die Gesammtanlage und die vielen technischen Einzelnheiten, die sich an dem Karlsschreine, wie an dem jüngern Schreinwerk der heil. Jungfrau in voller Uebereinstimmung mit denen der vielen kölnischen Reliquienkasten zeigen; so wird man leicht zu der Annahme gelangen, dass die beiden Aachener Reliquiare nicht von Lütticher, sondern vielmehr von jenen Kölnischen Metallkünstlern angefertigt worden seien, die seit den Tagen der Theophanie, der Mutter Otto's III., in Weise einer religiösen Genossenschaft das edle Goldschmiedegewerk und die mit demselben zusammenhangenden Künste des Niello und des Schmelzwerks viel früher zu üben begonnen hatten, als es von der berühmten Confraternität der Goldschmiede und Emailleurs von Limoges gegen Schluss des XII. Jahrhunderts der Fall war. Wir geben schiesslich noch die hauptsächlichsten Grössenverhältnisse: Breite 21" 10"' (570 Mm.), Länge: 78" 8"' (2040 Mm.), Höhe: 36" (940 Mm.).

Nro. 18. Reliquienmonstranz,

mit einer Reliquie vom heiligen Papste Leo, Gefäss in vergoldetem Silber. XIX. Jahrhundert.

Die für Aachen besonders denkwürdige und werthvolle Reliquie des heiligen Einweihers der Münsterkirche ist leider in einem Gefäss aus der Neuzeit aufgestellt, dessen gänzlich misslungene gothisirende Form in einem so auffallendern Missverhältniss erscheint, als sie neben den vollendetsten Gebilden der mittelalterlichen Kunst eine Stelle einzunehmen hat. Dies Reliquiar kann demnach hier kein Gegenstand näherer Besprechung sein und wir drücken nur den lebhaften Wunsch aus, dass es durch ein seinem ehrwürdigen Inhalte besser entsprechendes Gefäss bald möge ersetzt werden.

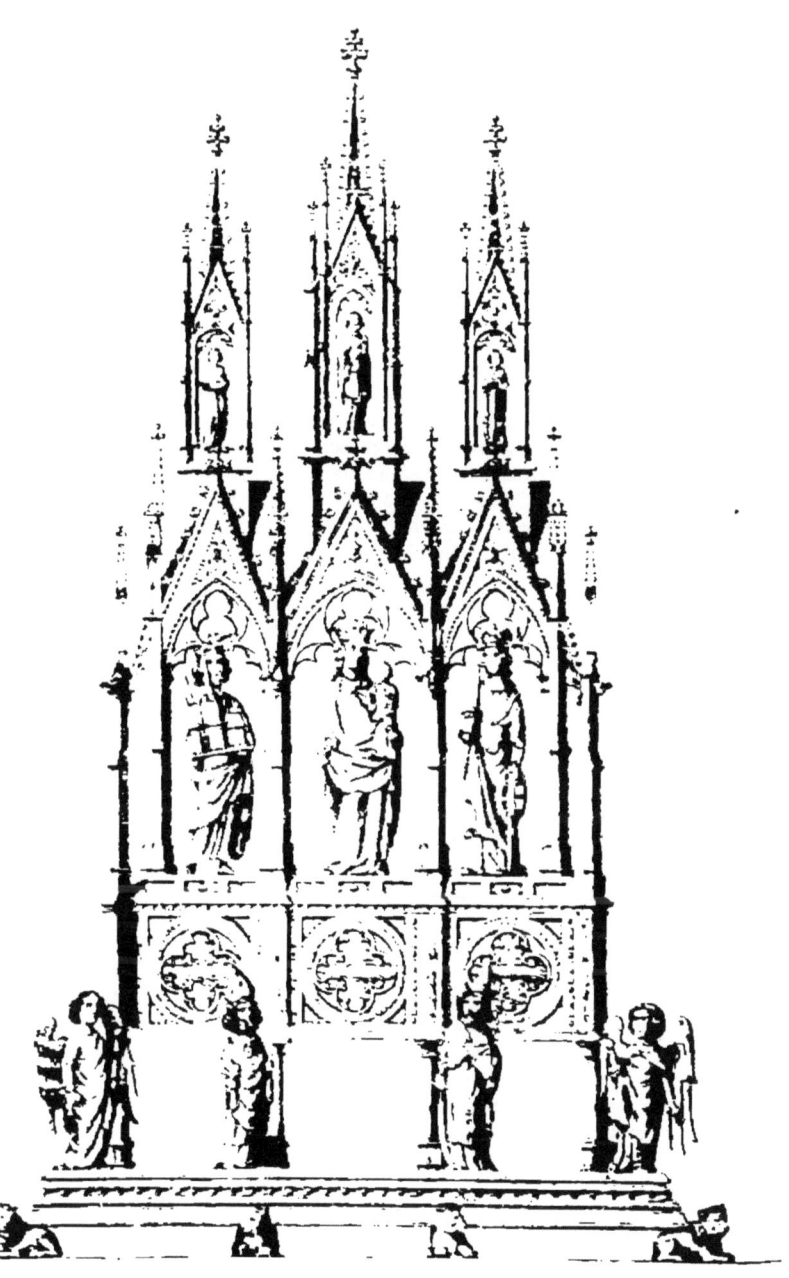

Reliquienkapelle Carls IV.
ни N° 18.

Nro. 19. Reliquienbehälter

in Form einer gothischen Kapelle in vergoldetem Silber, mit einer Reliqule vom Nagel des Kreuzes und vom Kreuzholz, mit dem Schienbein Karls des Grossen und mehreren anderen. **XIV. Jahrhundert.**

Höhe: 3' 11" 10''' (1250 Mm.), Breite: 1' 2" (367 Mm.), Grösste Länge: 2' 3" 5''' (715 Mm.), Gewicht: 90 Pfund.

Reliquiengefässe in ähnlicher architektonischer Entwickelung und in solcher Ausdehnung sind heute in den Kirchenschätzen des Abendlandes zur grossen Seltenheit geworden. Dieselben haben in alten Schatzverzeichnissen häufig nach ihrem äusseren Aufbau den Namen *capella* oder *feretrum reliquiarium*. Die letztere Benennung, welche auch unser Gefäss führt, bezeichnet einen tragbaren grösseren Reliquienbehälter und in der That ist das in Rede stehende Reliquiar noch bis zur französischen Revolution als *feretrum* bei Prozessionen und öffentlichen Bittgängen, besonders bei der Frohnleichnams- und Karls-Prozession von Klerikern in Aachen feierlich umgetragen worden, wie es noch vielen unter den Lebenden in erhebender Erinnerung geblieben. Es hat aber auch der ursprüngliche Werkmeister diese Bestimmung des Gefässes in der Ornamentirung desselben aufs Deutlichste bezeichnet, indem die eigentliche *arca reliquiarum* von vier Engeln getragen wird, während vorn ein Papst und ein Bischof, hinten zwei Lanzenträger mit Wappenschilden es umstehen und gleichsam begleiten. Der ganze Aufbau ruht auf einem langvierseitigen zierlich profilirten mit Inschriften versehenen Untersatz, der, nach Analogie ähnlicher Prachtwerke der Goldschmiedekunst des XIV. Jahrhunderts, von acht Löwen getragen wird. Die Fläche hat vier runde Durchbohrungen, die wahrscheinlich ehemals zu einer von der gegenwärtigen verschiedenen Befestigungsweise gedient haben. Auf dieser Fläche steht der etwas kleinere eigentliche Reliquienschrein auf acht kurzen sehr einfachen Rundsäulchen sammt den über Eck stehenden Engeln und den vier andern ebenerwähnten kleinen Standbildern.

Das eigentliche Reliquiar hat drei Haupttheile, eine langschmale vierseitige Lade, ein aus drei Spitzbogenhallen bestehendes hohes und durch mehrere Querdächer verbundenes Mittelstück und einen mit drei Baldachinen versehenen in drei Spitzen auslaufenden Thurmbau, woran der Mittelbau die beiden seitlichen Spitzgiebelbauten merklich überragt und eine Anlage sich zeigt, wie sie an grösseren Bauwerken der Gothik sehr häufig vorkommt.

Die untere Lade, fast ganz offen und nur durch ein sehr schlankes in ornamentirten Vierpässen geschlungenes Maasswerk gleichsam vergittert, wird mittels prachtvoller Krystalltafeln verschlossen. Es enthält ein ungefähr 16'' 9''' (435 Mm.) langes an den Enden etwas abgebrochenes, mit einem rothen Bande stellenweis umschlungenes Schienbein Karls des Grossen, getragen von zwei knieenden silbervergoldeten Engeln, die es vermittels einer silbernen Schleife mit Händen halten.

Der Mittelbau hat unter dem mittleren und breiteren Baldachin eine reich in edlem Metall getriebene und mit Perlen und Edelsteinen geschmückte Statue der Gottesmutter, die das Jesuskindlein auf dem rechten Arm und in der linken Hand eine goldene Rose mit Edelsteinen trägt; unter dem Baldachin zur Rechten hat der Künstler Karl den Grossen mit dem Münsterbau, zur Linken die heil. Katharina gestellt, welche iu der linken Hand Rad und Schwert, in der Rechten ein kleines rundes mit hohem Thurmbau versehenes Krystall-Reliquiar hält, das dem unter Nro. 11 beschriebenen, sowie einem in St. Johann in Köln befindlichen, in unserem „heiligen Köln" Taf. 34, Fig. 101 abgebildeten mit Ausnahme des fehlenden Fusses sehr ähnlich sieht. Es enthält einen in Silberblech gefassten kleinen Zahn der heiligen Katharina und eine kleine rundliche rothdurchscheinende Glasphiole.

Im oberen Bau steht unter dem mittleren Thurmbaldachin die Statue des Heilandes, der mit der Linken einen in ein goldenes Gefässchen gefassten Theil eines Kreuznagels hält, dessen anderer Theil in der sainte Chapelle zu Paris aufbewahrt wird. Das kleine Gefässchen wird mit einem an silbervergoldeter Kette befestigten Deckel geschlossen, dessen Spitze mit einem prachtvollen Edelstein verziert ist. Im rechten Baldachin trägt ein Engel eine in Kreuzform gefasste Partikel des heiligen Kreuzes, im linken ebenfalls ein Engel Reste aus dem Grabe des heiligen Johannes.

Der Reliquien-Inhalt des Gefässes ist aber auch, wie es selten der Fall zu sein pflegt, in Metallschrift auf blauem Schmelzgrund auf einer der Leisten des Untersatzes genau angegeben, wie wir schon oben mitgetheilt haben. Die Inschrift, durchaus in gothischer Minuskelschrift, lautet:

+ hec . sunt . reliq | uie . que . in ist | o . feretro cont | inentur . de . c | lauo . dumini . | de . spinea . coro | na . de . ligno . cr | ucis . de spongy | a . eiusdem . br | achium . tres | . dentes . ossa | minuta . plur . ima . sancti . kar | oli . magni . imp | eratoris . de . c | apillis . sancti | . iohannis . bap | tiste . de pul | uere . sancti . io | hannis . ewan ' geliste . de . | brachio . sancti ¦ nycolai . dens | . beate . Katherine ||*)

Dies sind die Reliquien, welche in dieser Truhe enthalten sind: Vom Nagel des Herrn, von der Dornenkrone, vom Kreuzholz, vom Schwamme Desselben. Der Arm, drei Zähne, sehr viele kleine Gebeine vom heiligen Kaiser Karl dem Grossen. Von den Haaren Sanct Johannes des Täufers. Vom Staub des heiligen Johannes des Evangelisten. Vom Arm des heiligen Nikolaus. Ein Zahn der heiligen Katharina.

Was die künstlerische Auffassung des Gefässes betrifft, so hat der Künstler durch die vielen statuarischen Ausschmückungen den kälteren strengeren geometralen Charakter, der besonders das folgende Reliquiar bezeichnet, zu mildern verstanden und das Werk zu einem der vollendetsten

---

*) Die || bezeichnen den Beginn einer besonderen Seite des Reliquiars; die | dagegen die kleinen langvierseitigen schmalen Metallkapseln, in welchen die Schrift liegt und welche absatzweise rings um den Fuss nebeneinander gereiht sind. Die grösseren Punkte bezeichnen Rosenblumen.

gebildet, das die gothische Goldschmiedekunst aufzuweisen hat. Die einzelen Statuetten haben die sehr edle Drapirung der Gewänder sowohl, wie jene dramatisch bewegten Körperhaltungen, welche die frühere und mittlere Gothik so sehr auszeichnen. Es dürfte schwer werden, die beiden kirchlichen Würdenträger, den Papst und Bischof, genauer zu ermitteln. Der Papst trägt noch die einfache Krone und spitze Mitra; mit der Linken segnet er mit zwei aufgehobenen Fingern, in der Rechten hält er einen Kreuzstab und ist bekleidet mit Albe und Chorkappe, während der Bischof einen sehr einfachen Krummstab führt und mit der Kasel bekleidet ist. Von den beiden Lanzenträgern der Rückseite führt der eine einen Schild, worauf ein rother langschweifiger Löwe auf breitem figurirtem Goldgrunde steht, den ein schmaler blauer Emailstreifen einfasst. Das andere Wappenschild ist eine goldene nicht gekrönte Männerbüste auf blauem Grunde. Am Fusse der Büste befinden sich im vierseitigen Untersatz zwei gerade Einschnitte, welche auf ein tragbares Bild zu deuten scheinen.

Unter den einzelnen kleinen Ornamenten heben wir besonders ein kleines aus zwei oberen kleineren und zwei unteren grösseren Spitzblättchen gebildetes kreuzblumenartiges hervor, das sich sonst seltener findet, jedoch bei der folgenden Kapelle sowohl wie bei dem unter Nro. 3 beschriebenen Scheibengefäss, jedoch nur an dessen wohl etwas späterem Fusstheil vorkommt und wegen der Seltenheit seines sonstigen Vorkommens einigen Aufschluss über Meister, Ort und Zeit der Entstehung dieser Arbeiten geben könnte.

Einen sehr reichen Schmuck bilden die Schmelzarbeiten, welche fast alle geraden Flächen des Schreins schmücken und Apostel und andere Heilige darstellen. Unter den gothischen Gefässen unseres Schatzes wird das in Rede stehende in seinen Schmelzarbeiten nur von der gleich unter Nro. 20 zu beschreibenden Kapelle und dem Scheibenreliquiar übertroffen. Sowohl die reichen architektonischen Formen, wie die vielen durchsichtigen Schmelzarbeiten und die stellenweise angebrachten künstlich gefassten Edelsteine, die die Flachtheile schmücken, sichern dem in Rede stehenden *feretrum* nicht nur hinsichtlich seiner Composition, sondern auch wegen seiner gelungenen technischen Ausführung eine der hervorragendsten Stellen unter den Meisterwerken der Goldschmiedekunst des XIV. Jahrhunderts. Eine glaubwürdige Tradition schreibt die Entstehung dieses Reliquiars der Opferwilligkeit und dem Kunstsinne Karls IV. zu.

Sämmtliche architektonische Formen, die hinsichtlich ihrer charakteristischen Ausbildung mit denen am Dome zu St. Veit zu Prag sehr verwandt sind, nicht weniger die Composition der ciselirten Heiligen-Figuren in ihrer eigenthümlichen Drapirung, hauptsächlich aber die vielen eingeschmelzten Ornamente mit ihren phantasiereichen Musterungen legen Zeugniss dafür ab, dass die ebengedachte Tradition chronologisch mit den Formen des *feretrum* nicht im Mindesten in Widerspruch steht. Im Hinblick auf formverwandte Meisterwerke der Goldschmiedekunst im Domschatze von St. Veit zu Prag, die, authentischen Inschriften gemäss, als Geschenke Karls IV. an seine Lieblingskirche zu betrachten sind, würden wir also kein Bedenken tragen, die Entstehungszeit der eben gedachten Reliquien-Kapelle in das dritte Viertel des XIV. Jahrhunderts zu versetzen.

Dieses Reliquiar, sowie das folgende standen mit mehreren kleineren noch zu Ende des vorigen Jahrhunderts in einem aussen und innen mit werthvollen Oelmalereien geschmückten Holzschrein im Münsterchor der Evangelienkanzel gegenüber, wie wir von einem noch lebenden Augenzeugen erfahren. Der ganze Schrein diente zugleich als eine Art von Sacraments-Häuslein, zu dem man auf einer Treppe hinanstieg, und wurde zuweilen von dort aus der Segen mit dem *Sanctissimum* gegeben.

Nro. 20. Reliquienkapelle

in vergoldetem Silber, Ueberbleibsel verschiedener Heiligen enthaltend. XIV. Jahrhundert.

Höhe: 1' 11" 10'" (935 Mm.), Breite des Fusses: 2" 5'" (743 Mm.), Tiefe: 14" 6'" (382 Mm.).

Wenn eine Tradition angibt, dass das so eben beschriebene Reliquiar von dem kunstsinnigen Karl IV. herrühre; so ist dieser Ueberlieferung schon desswegen Glauben zu schenken, weil nicht nur der Entwurf des Ganzen, sondern mehr noch die charakteristischen Einzelnheiten das eigenthümliche Stylgepräge der deutschen Goldschmiedekunst aus der Regierungszeit Karls IV. (von 1347 bis 1378) erkennen lassen.

Wenn aber eine zweite Ueberlieferung das Herkommen des in Rede stehenden Kapellenbaues, des formverwandten Gegenstückes vom vorigen, als Geschenk aus den Tagen Königs Philipp II. von Spanien (1556—1598) herleitet; so stehen mit dieser Angabe die Composition wie die architektonischen und ornamentalen Einzelnheiten so entschieden im Widerspruche, dass man zur Ausgleichung desselben nur etwa annehmen kann: es sei dies Reliquiar in der Zeit der blühenden Gothik verfertigt und erst durch Philipp II. nach Aachen als Geschenk gekommen. Obgleich die architektonischen Einzelnheiten und Ornamente in starker Häufung an dieser Reliquienkapelle bedeutend mehr vorwalten, als bei dem ähnlichen Reliquiar unter Nro. 19, obgleich auch der Grundriss beider Schreine sehr verschieden zu nennen ist; so muss dennoch unbedingt zugegeben werden, dass die Zeiten ihrer Entstehung nicht fern auseinanderliegen. Wir nehmen daher ohne Bedenken an, dass die sogenannte Kapelle Philipps II. entweder noch gegen Schluss des XIV. oder in dem ersten Viertel des XV. Jahrhunderts angefertigt worden ist. Hierbei stützen wir uns vornehmlich auf die grosse Uebereinstimmung, die an letzterm Reliquiar in der reichen Ausbildung der Fialen, der Streben, der Giebelfelder mit entsprechenden Bautheilen am Dome von St. Veit, dem Bauwerke Karls IV., gefunden werden. Vor Allem ist uns aber eine grosse Formverwandtschaft aufgefallen, die dasselbe mit jenem kleinen in Eisenblech getriebenen Thurmwerk besitzt, das ehemals wahrscheinlich zur Aufbewahrung

Reliquienkapelle Phillip's II.
zu No 20.

der heiligen Eucharistie diente und sich heute in die Sanct Wenzelkapelle des Domes von St. Veit gerettet hat. Die hieran befindlichen Wappenschilde bekunden deutlich, dass diese *turricula* aus den Tagen Karls IV. herrührt. Beim Aachener Reliquiar weisen auf diesen karolingischen Zeitabschnitt in der Kunst auch die vielen durchsichtigen Schmelzwerke hin, die auf den Flachseiten der drei Sockel angebracht sind, auf welchen drei verschiedene Standbilder sich erheben. Diese durchsichtigen Flachschmelze stimmen auch hinsichtlich ihrer Technik und Composition genau mit den vielen andern überein, womit die Flachtheile der unter Nro. 3, 6 und 12 beschriebenen Reliquiare des Aachener Schatzes geschmückt sind.

Vergleicht man das in Rede stehende Gefäss näher mit dem vorigen, so ergeben sich folgende Beziehungen beider zu einander. Wie in jenem, sind auch hier drei Thurmbaldachine angelegt, die aber aus vielfach gegliederten Vierecken sich aufbauen, welche von dreiseitigen Pfeilern umgeben werden, die sich mit Strebebogen an die Hauptconstruction anlehnen. Es entwickelt sich daraus ein sehr reicher und leicht aufsteigender Pfeilerbau, der ungemein schöne Durchsichten gewährt, wie das vorige Gefäss sie nicht besitzt, das sich vielmehr durch einfachen Grundriss, durch höher aufsteigende und kräftigere Massen, geistreichere Auffassung des Gefässes als Reliquiar und durch weit ausgebildeteren figuralen Schmuck auszeichnet.

Wie im Grundriss, so herrscht auch in der Ornamentation im Reliquiar Philipps IV. die geometrale Auffassung vor. Im Ganzen hat dasselbe eine mehr in die Breite gehende, als zur Höhe strebende Entfaltung und erinnert dadurch mehr an die Gothik des südlichen Europa's, wiewohl wir im Norden in der Gothik des herrlichen Domes von Oppenheim in der Pfalz eine sehr übereinstimmende Auffassung finden. Die im Ganzen etwas spärlichen Emaillirungen stimmen in der Technik ganz mit denen des vorigen Gefässes überein. Bemerkenswerth ist unter denselben ein heiliger Petrus mit abgebrochenem Kettenstück und Schlüssel. Eine ähnliche Auffassung, jedoch aus späterer Zeit, findet sich in unserm Schatze als metallenes Reliquiar unter Nro. 7 beschrieben und abgebildet und ist das Kettenbruchstück in der Abbildung ganz übereinstimmend mit dem Original. Unter den kleineren Ornamenten verdient das Vorkommen der Fischblase Erwähnung, wodurch das Gefäss seine Stelle in dem letzten Viertel des XIV. Jahrhunderts erhält. Andere kleine, aber charakteristische Ornamente hat dasselbe mit der Kapelle Karls IV. und mit dem Scheiben-Reliquiar gemein.

Unter dem mittleren höheren Baldachin thront das mit grosser Meisterschaft ciselirte Standbild des segnenden Erlösers. Rechts erblickt man unter dem nur unmerklich niedrigeren Hallenbau das Standbildchen des heiligen Johannes des Täufers. Links von der *Majestas Domini* knieet der Erzmärtyrer St. Stephanus, in dem Augenblicke dargestellt, wie er das Martyrium erleidet und die Worte zum Himmel sendet: „Herr, rechne es ihnen nicht zur Sünde."

Die eben gedachten drei Statuetten stehen genau mit den Reliquien in Beziehung, die an verschiedenen Stellen des Gefässes eingeschlossen sind. Es werden daselbst Ueberreste aufbewahrt: 1. vom Schweisstuche (*sudarium*) des Herrn, das Sein Antlitz im Grabe deckte; 2. ein Theil vom Rohrstamm, mittels dessen der Herr verspottet wurde; 3. Ueberbleibsel von den Haaren des heiligen Johannes des Täufers und ein Theil der Rippe des Protomartyrers St. Stephanus.

Nro. 21. Reliquienschrein, Arca B. Mariæ V.

aus vergoldetem Silberblech, die vier grossen Reliquien enthaltend.

Breite 20″ 8‴ (540 Mm.), Länge 70″ 4‴ (1835 Mm.), Höhe 30″ 5‴ (650 Mm.).

Nachdem durch die Opferwilligkeit der Bewohner Aachens der unter Nro. 17 beschriebene Prachtschrein, der die irdischen Ueberreste des grossen Karl enthält, von Meisterhand vollendet war, lag der Wunsch nahe, in einen ähnlichen kostbaren Schreinwerk jene theuern Pfänder einzuschliessen und darin den Gläubigen zur Verehrung aufzustellen, welche durch den frommen Stifter des Münsters als unschätzbare Kleinode in seiner Pfalzkapelle hinterlegt worden waren. Wir meinen die vier Reliquien, welche zum Unterschiede von den übrigen im Schatze des Münsters aufbewahrten heiligen Ueberbleibsel die grossen Heiligthümer genannt werden, indem sie jene theils an Ausdehnung, theils an Bedeutung übertreffen. Es sind:

1. Ein gelblich weißes Kleid der allerseligsten Jungfrau Maria aus feinstem Byssus gewebt und an mehren Rändern mit Ornament verziert;
2. Die Windeln, in welchen der Weltheiland, unser Herr Jesus Christus, als Kind eingewickelt gewesen; (Lukas II, 12.)
3. Das Tuch, in welches der Leichnam des h. Johannes des Täufers nach seiner Enthauptung eingehüllt war;
4. Das Schürzkleid, welches die Lenden des Heilandes umgab, als Er für uns den bittern Kreuzestod erlitt.

Bei älteren Schriftstellern findet sich keine Andeutung mehr darüber, in welcher Einfassung jene vier Karolingischen Reliquien sich zu der Zeit befanden, als, wie eben bemerkt, der Wunsch rege wurde, dieselben durch Beisetzung in einen prachtvollen ihrer erhabenen Bedeutung angemessenen Behälter würdig zu ehren. Wahrscheinlich ist es, wie Eingangs erwähnt wurde, dass sie damals noch in jener ursprünglichen Umhüllung von bildreichen kostbaren gemusterten Seidenstoffen sich befanden, in welchen sie, dem Brauche der Zeit gemäss, aus dem Morgenlande in das Abendland gelangt waren.

Was nun zunächst die Gestalt und künstlerische Beschaffenheit der in Rede stehenden „*arca beatae Mariae Virginis*" betrifft, die einer Urkunde gemäss wenige Jahre nach 1220 aus freiwilligen Opfergaben der Gläubigen angefertigt worden ist; so lässt sich mit Grund behaupten, dass unter den

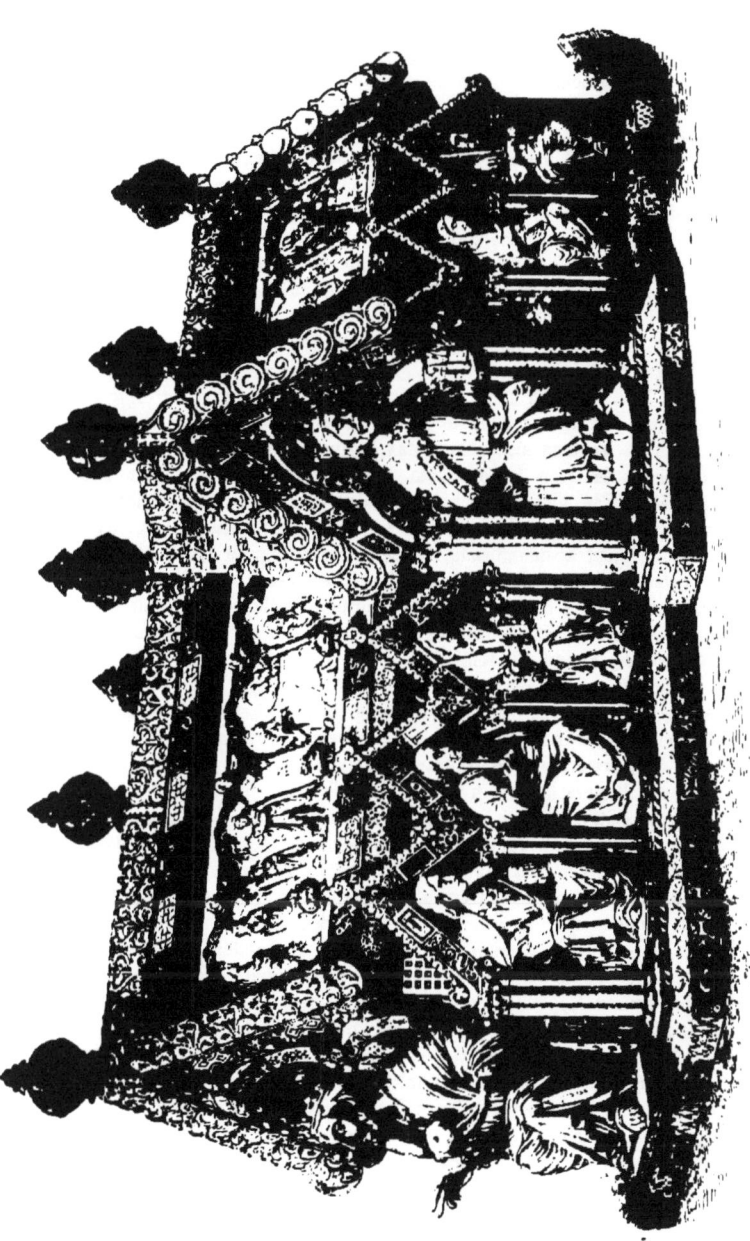

heute im christlichen Abendlande bekannten grösseren Reliquienbehälter der spät-romanischen Kunstepoche das gedachte Schreinwerk eine der hervorragendsten Stellen einnimmt. Wir tragen kein Bedenken, es hier auszusprechen, dass, hinsichtlich der grossartigen Anlage und des figuralen und ornamentalen Reichthums in den vielen meisterhaft ausgeführten Einzelnheiten, besonders aber in Hinsicht seiner Vollständigkeit und auffallend guten Erhaltung, der Aachener Reliquienschrein der allerseligsten Jungfrau dem Kölner Prachtkasten, welcher die Gebeine der heiligen drei Könige birgt, gleich steht und dass er unbedingt dem prächtigen Schrein vorgezogen werden kann, welcher die irdischen Ueberreste der heiligen Elisabeth einschliesst und sich heute noch in der Sakristei ihrer Grabeskirche zu Marburg befindet.

Der Marienschrein stellt nicht, wie die meisten *arcae* derselben Epoche, welche die Erzdiözese Köln in reicher Abwechselung der Formen gegenwärtig noch zu besitzen sich rühmt, das Langschiff einer Basilika dar; sondern bildet eine Art von lateinischem Kreuz, das auf den beiden Langseiten augenfälliger in den Ziergiebeln und der Bedachung, unmerklicher aber im Grundriss zum Vorschein tritt. Die zwei Kopftheile des Muttergottesschreines schliessen nicht absidenförmig, sondern geradlinig ab und bilden an diesen Schmalseiten, desgleichen auch an den Abschlüssen der Kreuzung von reich verzierten Giebeln überragte kleeblattförmige Hallen, unter welchen grössere in Silberblech getriebene Bildwerke thronen, die im Folgendem eine nähere Beschreibung finden werden.

Gehen wir nach diesen allgemeinen Andeutungen über die äussere Gestaltung des Schreines zur Betrachtung des reichen Bilderschmuckes über, mit welchem die Kunst des Goldschmiedes in getriebener Arbeit die Flächen seines Meisterwerkes geziert hat; so ist zunächst hervorzuheben, dass dieser plastische Bilderschmuck in seiner Technik, wie in seiner figuralen Anordnung und Eintheilung sich durchaus an die Art und Weise anschliesst, wie sie im XI. und XII. Jahrhundert zur Belebung der Flächen grösserer Reliquienschreine feststand. Es thront nämlich an der einen Kopfseite des Schreines unter einem reich verzierten Kleeblattbogen, der sich bereits im Spitzbogen wölbt, das ausdrucksvolle Bild des Erlösers in seiner Herrlichkeit, die *Majestas Domini* mit erhobener segnenden Rechten und in der Linken die Erdkugel. Dem Könige der Ewigkeiten gegenüber erblickt man an der andern Kopfseite das sitzende Bild seines zeitlichen Statthalters, des heiligen Papstes Leo III., welcher als Consecrator des ersten abendländischen christlichen Kaisers und zugleich als Consecrator des von Karl dem Grossen erbauten Münsters hier mit Recht eine hervorragende Stelle gefunden. Derselbe ist bekleidet mit der Tiara, welche noch in der ältern Form, umzogen von nur einem Diadem, sich zu erkennen gibt; ferner mit den üblichen Pontifikal-Gewändern und überdies mit dem Rationale, dem bekannten Ephod, das selten in dieser Gestaltung an Bildwerken vorkommt.

In der kleeblattförmig gewölbten Nische auf der einen Langseite des Schreines, die gewöhnlich dem Beschauer zugekehrt ist, erblickt man auf einem reich verzierten Thronsitz das Bild der allerseligsten Jungfrau als Himmelskönigin, welche auf ihrem Schoosse das Jesuskind trägt; unter ihren Füssen bäumt sich der alte Drachen, welchem sie den Kopf zertreten hat. Maria gegenüber ist Karl der Grosse ebenfalls sitzend dargestellt, was ganz in der Ordnung erscheint, indem derselbe ihr zu Ehren nicht nur die Pfalzkapelle erbaut, sondern diese seine Lieblingsstiftung auch mit jenen vier kostbaren Heiligthümern beschenkt hat, zu deren würdigen Aufbewahrung der Schrein selbst angefertigt worden ist.

Nach Analogie der übrigen Reliquienschreine des Rheinlandes befinden sich an den Langseiten rechts und links neben der Gottesmutter auf der einen und Karl dem Grossen auf der andern Seite in reichverzierten Nischen je drei und drei Apostel, alle in sitzender Stellung, kenntlich durch die ihnen beigegebenen Marterwerkzeuge und sonstigen Wahrzeichen. Wie ein Blick auf beiliegende Abbildung lehrt, entbehren auch die breiten Flächen des schräg ansteigenden Satteldaches eines passenden Bilderschmuckes nicht und sind, mit Bezug auf die im Schreine aufbewahrten Reliquien des Herrn und seiner jungfräulichen Mutter, durch Darstellungen geschmückt, welche dem Leben Christi und Maria's entnommen sind. Die Reihe der Darstellungen in diesen Flachgebilden beginnt zunächst auf jener Seite, wo das Bild Mariae sich befindet, und zwar mit Darstellungen aus dem Leben und Leiden des Heilandes. Zuerst erblickt man daselbst als Basrelief die Taufe nach mittelalterlicher Auffassungsweise, sodann die Versuchung in der Wüste, weiter das Abendmahl, die Gefangennehmung, die Geisselung, die Kreuzigung, die Kreuzabnahme und schliesslich die Grablegung des Herrn. Diesen entsprechend reihen sich auf der entgegengesetzten Seite der Bedachung Darstellungen aus der Jugendgeschichte des Heilandes an, die jedesmal auf die allerseligste Jungfrau Bezug nehmen. Das erste Flachgebilde zeigt die Verkündigung als Beginn des Erlösungswerkes; alsdann folgen die Besuchung Elisabeths, die Geburt Christi, die Waschung des Heilandes nach der Geburt, die Verkündigung der Hirten, die Anbetung der heiligen Drei-Könige und zum Schluss die Aufopferung des Herrn im Tempel.

Gehen wir nach dieser Aufzählung der verschiedenen Bildwerke, die unsern Reliquienschrein gleichsam zu einem lehrreichen, Jedem geöffneten und verständlichen Buche gestalten, zu einer genaueren Besichtigung der vielen ornamentalen Einzelnheiten über; so muss eingestanden werden, dass der Künstler keine Art der Technik unversucht gelassen habe, um ein in jeder Beziehung vollendetes Meisterwerk der kirchlichen Goldschmiedekunst zu schaffen. Gleichwie die unteren Nischen, die Füllungen der Bedachung und sogar auch die Bogenwinkel auf diesen Bedachungsflächen mit erhaben getriebenen Bildwerken von vergoldetem Silberblech ausgefüllt sind; so hat die Kunst des Schmelzers theils in vertieft eingelassenen Füllungsschmelzen (*émail champlevé*), theils in dem viel edleren Zellenschmelz (*émail cloisonné*) eine Menge von vielfarbigen Plättchen auf den vorspringenden Bogeneinfassungen und Umrandungen in Anwendung gebracht, die mit den zierlichsten Bildungen von Filigran und mit künstlich gefassten Edelsteinen abwechseln. Die grosse Leichtigkeit des Künstlers in Darstellung von ciselirter und durchbrochener Arbeit bekundet sich in den trefflich gearbeiteten Kämmen, womit die geradlinige Dachfirst und die vier grossen Abschlussgiebel bekrönt sind. Eine besonders reiche und zierliche Technik, welche die grösste Fülle und Abwechselung des spät romanischen Ornamentes erkennen lässt, kommt an den sieben Knäufen zur Entfaltung, welche die vier Giebel und die Firste hoch überragen. Will man diesen reich verzierten Aepfeln als Bekrönungen, wie Einige versucht haben, eine symbolische Bedeutung zuerkennen und dieselben nicht bloss als ein natürliches Ornament gelten lassen, das an solcher Stelle durchaus passend und stylgerecht erscheint; so dürfte die Annahme einige Berechtigung haben, welche in diesen *pommes d'amour* die Früchte der guten Werke erkennen will, die als Wohlgerüche über dem Grabe der Heiligen zum Himmel aufsteigen.

Wir würden die engen Grenzen dieser Schrift zu sehr erweitern müssen, wollten wir hier die vielen artistischen und technischen Einzelnheiten eingehend beleuchten, die an dem Marienschrein in so reicher Abwechselung der Formen dem aufmerksamen Beschauer sich darbieten. Wir beschränken uns desswegen darauf, schliesslich noch eine Frage hinsichtlich der ehemaligen Aufstellung unseres Prachtschreines in Frage zu bringen.

Wenn die Kirche die irdischen Ueberreste eines Heiligen nach vollzogener Canonisation feierlich erhoben und dieselben in einen eigens zu diesem Zwecke verfertigten Schrein niedergelegt hatte; alsdann beliess man diese christlichen Mausoleen nicht in der unteren Gruftkirche, sondern räumte denselben fortan einen Ehrenplatz auf dem Aufsatz (*predella*) des Altartisches ein, so zwar, dass der Prachtschrein mit seinem theuren Inhalte an Festtagen nicht nur den Gläubigen sichtbar werden, sondern auch, nach Oeffnung der schützenden Gitter und Umhüllungen, der Kirche und dem Altare als goldstrahlendes Kleinod zur vollendeten Zierde gereichten konnte. Gleichwie der Karlsschrein auf dem Altare des Stiftschores eine würdevolle Aufstellung gefunden hatte; so wurde auch das eben beschriebene Schreinwerk, worin die vier grossen Reliquien ruhen, nach seiner Vollendung gegen die Mitte des XIII. Jahrhunderts auf die Predella des Krönungs- oder Marienaltars an der Stelle der ehemaligen Absis des Oktogons der Art aufgestellt, dass derselbe mit seiner schmälern Kopfseite, die unter dem grossen Schmuckgiebel das Bildwerk des segnenden Weltheilandes zeigt, an grösseren Kirchenfesten freigelegt werden konnte.

Damit nun auch die hintere Kopfseite solcher Reliquienschreine eine feste Stütze finden möge; so pflegte man kleinere zumeist doppelte Säulen mit reich skulptirten Kapitälen so hinter dem freistehenden Altartische aufzustellen, dass dadurch nicht nur ein fester Trag- und Stützpunkt für die ganze Länge des Schreins gegeben, sondern auch den Offizianten ein Durchgang hinter dem Altare vermittels dieser Säulenstellung belassen war. Eine solche Aufstellung der Reliquienschreine auf die Altäre war in grösseren Stifts- und Kathedralkirchen im XIII. Jahrhundert eine sehr gebräuchliche. Zur Bewahrheitung des eben Gesagten bedarf es kaum einer Hinweisung auf die ähnliche Altaranlage in der Abteikirche zu St. Denis, und auf die betreffenden Stellen des Kirchengeschichtschreibers Evagrius, indem man heute noch in St. Ursula zu Köln an einem merkwürdigen Altar aus dem Schlusse des XIII. Jahrhunderts eine solche Aufstellung von drei grösseren Reliquienschreinen ersehen kann, die mit ihren schmäleren Kopftheilen die *mensa* überragen*) und deren entgegengesetzte Kopfseiten von je zwei Marmorsäulen getragen werden. Eine solche Aufstellung von Säulen hinter dem Altare, die ehemals den goldenen Schrein trugen, der die Gebeine des heil. Severin enthielt, befindet sich auch in der Kirche gleichen Namens zu Köln. Leider wurde der Marienaltar des Aachener Münsters, vor welchem die Krönung so vieler deutschen Könige gefeiert worden war, zur Zeit der Illuminaten gegen Ausgang des vorigen Jahrhunderts sammt seiner kapellenförmigen Einfassung und Umbauung schonungslos niedergelegt und beseitigt. So verschwand denn auch die ebengedachte alterthümliche Anlage des Altars und die dazu gehörende Säulenstellung, die lange Jahrhunderte hindurch eine so zweckmässige und hervorragende Aufstellung unseres Marienschreins ermöglicht hatten.

Nro. 22. Truhe

in bemaltem Holz, zur Aufbewahrung von Kleinodien, mit reich vergoldeten und emaillirten Beschlägen. XIII. Jahrhundert.

Höhe 14" 8"' (385 Mm.), Breite 14" 8"' (385 Mm.), Länge 2'' 6"' (770 Mm..)

Aeltere Chronisten berichten an vielen Stellen, dass die deutschen Kaiser auf ihren Zügen häufig die Krönungskleinodien so wie ihre eigenen Hauskronen nebst den übrigen kaiserlichen Ornaten mit sich führten, um dieselben vorkommenden Falls gleich zur Verfügung zu haben. Diese Abzeichen der kaiserlichen Würde wurden meistens in einer Truhe aufbewahrt, die auch äusserlich künstlerisch verziert war und deren Ornamente einen Schluss ziehen liessen auf Bedeutung und Werth jener Kostbarkeiten, die der Schrein aufbewahrte. Eine solche Kleinodienkiste von ziemlichem Umfange scheint dem Berichte eines Chronisten zufolge Kaiser Friedrich II. zu jener Zeit bei sich geführt zu haben, als er, im nördlichen Italien verweilend, davon in Kenntniss gesetzt wurde, dass er mit dem Kirchenbanne belegt sei. Auf-

---

*) In ähnlicher Weise steht der steinerne Behälter des heiligen Apostels Matthias auf hohen Säulen im Chor von St. Matthias in Trier.

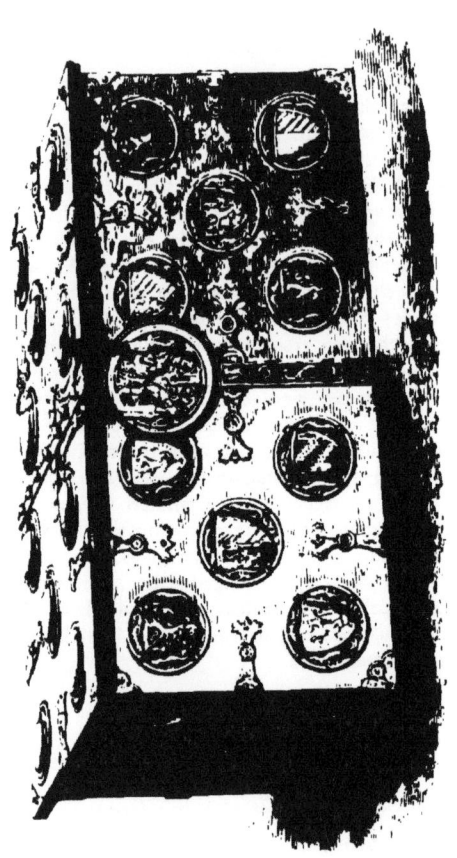

geregt über diese Nachricht, befahl er sofort, seine Kleinodienkiste herbeizubringen, langte aus derselben eine Krone hervor und indem er sich dieselbe auf's Haupt setzte, sprach er zu den Umstehenden: „Noch habe ich meine Krone nicht verloren."

Aller Wahrscheinlichkeit nach hatte auch die heute im Schatze des Aachener Münsters befindliche reichverzierte Kiste ehedem den Zweck, jene Kleinodien würdig aufzubewahren, mit welchen bei feierlicher Krönung über dem Grabe Karl's des Grossen die gewählten deutschen Könige von der Kirche bekleidet wurden. Sowohl der grosse Umfang derselben, wie die prachtvolle äussere Ausstattung geben dieser Vermuthung einen ziemlichen Grad von Gewissheit. Dazu findet sich auch bei Hartmannus Maurus die Angabe, dass der neuzukrönende König nach der Epistel in der Krönungsmesse zur Epistelseite des Altares von zwei jüngern Knöchen des Aachener Stiftes „ad arcam" geführt wurde und dass dieselben ihn daselbst bekleideten mit den verschiedenen Kaiserornaten, die in jener Truhe aufbewahrt lagen. Nachdem Ferdinand I. als Letzter in Aachen zum römischen Könige gekrönt worden war und dem Wortlaute der goldenen Bulle entgegen die Krönung von jetzt ab in der Bartholomaikirche zu Frankfurt abgehalten wurde, scheint die Kleinodienkiste im Aachener Schatz zu einem andern Zweck bestimmt worden zu sein. Wir lassen hier die Frage unerörtert, ob bereits seit diesen Zeiten die vorliegende Truhe dazu benutzt wurde, um in derselben die grossen Reliquien bei Gelegenheit der öffentlichen Zeigung auf die Thurmkapelle des Aachener Münsters in feierlicher Prozession hinaufzutragen. Diesem Zwecke ist die im Vorstehenden abgebildete Kiste heute gewidmet und werden die grossen Reliquien täglich nach der Zeigung während der Nacht in dieser prachtvollen Truhe, sorgfältig verschlossen, auf dem Altare der Kapelle beigesetzt.

Was nun die Form und künstlerische Ausstattung dieser in ihrer Art einzig dastehenden Kleinodientruhe betrifft, so ist dieselbe durch eine doppelte Art von Beschlägen in vergoldetem Kupfer verziert. Wie ein Blick auf die beifolgende Zeichnung veranschaulicht, ist sie nämlich durch reichverzierte Einfassungsbänder und ornamentale Beschläge in zwei gleiche Theile getheilt und zerfallen dadurch die fünf sichtbaren Wände der Kiste in acht quadratische Felder. Auf jedem dieser Felder sind fünf runde, mit Wappen und anderem Ornament verzierte Medaillons befestigt. Von den Mittelbändern, welche über die Truhe hinlaufen, wie von sämmtlichen Kanten ragen in der Mitte noch kurze ornamentirte Beschläge zwischen die Medaillons hinein und theilen jedes der acht obengenannten Felder zugleich noch im Vierecke. Sämmtliche Ecken sind ebenfalls mit ornamentirten Beschlägen verziert. Zu einem besonders reichen Schmuck hat der Künstler das Schloss der Truhe gestaltet, das im Kreise gehaltene sirenenartige, mit Schildern bewaffnete und wie im Kampf begriffene Gestalten nebst reichen Laubdurchbrechungen erkennen lässt, wie deren auf den Krönungsgewändern der altdeutschen Kaiser im Schatze zu Wien mehrfach angebracht sind.

Von den auf den eben genannten acht Feldern stehenden Wappen, die gleich den anderen Bildwerken theils in Metall gravirt, theils mit farbigem Gasschmelz (Füllungs-Schmelz) gemalt sind, geben wir nebenstehend eines in Holzschnitt, welches mehrmals in diesen Medaillons wiederkehrt. Die eigentlichen Wappen stehen auf unten zugespitzten Schilden, während die inneren Peripherien der Kreise, welche diese Wappen umgeben, durch kleinere Thierunholde in Form von Salamandern auf durchbrochenem Grunde ausgefüllt werden. Noch weisen wir darauf hin, dass behufs des leichteren Tragens an den beiden Schmalseiten der Truhe sich bewegliche Handgriffe befinden. Es würde den Raum dieser Blätter überschreiten, wenn wir es hier versuchen wollten, die vielen heraldischen und anderen Figuren zu deuten, die auf den Wappenschildern und Medaillons dieser Prachtkiste in farbigem Füllungs-Schmelz zur Darstellung kommen. Später hoffen wir in einem umfangreicheren Werke Gelegenheit nehmen zu können, diese Deutung zu versuchen; hier sei nur im Vorbeigehen bemerkt, dass die drei übereinander befindlichen ausschreitenden Löwen bekanntlich das älteste heraldische Abzeichen vom Herzogthum Schwaben, dem Stammlande der Hohenstaufischen Kaiser sind. Dergleichen Löwen in vollkommen entsprechender Stylisirung finden sich auch auf dem Wappenschilde vor, womit die Handhabe des einen Kaiserschwertes zu Wien verziert ist.

Betrachtet man das Laubwerk und die thiersymbolischen Darstellungen, wie sie an dem trefflich gearbeiteten Schlosse ersichtlich sind; vergleicht man ferner die vielen Thierunholde, die in der Umkreisung der Wappen und auf den übrigen Beschlägen des Schreins als charakteristische Eigenthümlichkeit der spätromanischen Kunstepoche vorkommen; zieht man endlich die Beschaffenheit des undurchsichtigen matten Füllungsschmelzes (*émail champlevé*) in Betracht, welchem die ausgedehnteste Anwendung zu Theil geworden: so muss man unbedingt der Annahme Raum geben, dass die vorliegende Prachttruhe in jener Zeit ihre Entstehung fand, als in der Goldschmiedekunst die Form und Technik des romanischen Styles noch in voller Blüthe waren und das neue Stylgesetz der Gothik sich erst unbewusst in der Gestaltung der unten zugespitzten Wappenschilde geltend zu machen begonnen.

Forscht man nach einer ganz bestimmten Zeitangabe für die Entstehung, so werden wir keinen Augenblick Anstand nehmen, die Anfertigung der Truhe spätestens in das erste Viertel des XIII. Jahrhunderts zu versetzen. Eine Menge interessanter Einzelnheiten, die an den Verzierungen, sowie an den verschiedenen metallischen und stofflichen Krönungs-Kleinodien der deutschen Kaiser vorkommen, dürften als Belege für die Ansicht gelten, dass der in Rede stehende Kleinodienschrein aus der Regierungszeit Kaisers Friedrich II. herrührt und vielleicht mit der Person desselben in naher Beziehung gestanden, wie später und an anderer Stelle weitläufiger erörtert werden soll.

Gegenwärtig sind die sämmtlichen vorerwähnten Beschläge auf einer neuen dunkelblauen Kiste aufgeheftet, während die ursprüngliche mit prächtigem Roth bemalte Holztruhe im Schatz aufbewahrt wird, eine Neuerung, die vor einigen Jahrzehnten vorgenommen worden und bei den Archäologen keinen Anklang findet.

Nro. 23. Das Kreuz des Kaisers Lothar

in Goldblech mit silbervergoldetem Fusse. XI. Jahrhundert.

Ganze Höhe: 2'' 5''' (715 Mm.), Höhe des alten Kreuzes: 1'' 7''' (500 Mm.), Breite: 2'' 7''' (67 Mm.), Ausdehnung der Querarme: 11'' 11''' (380 Mm.), Fussbreite: 9'' 6''' (250 Mm.).

Obgleich das vorliegende Büchlein sich bloss zur Aufgabe gestellt hat, zur Verherrlichung der Aachener Heiligthumsfahrt im Jahre des Herrn 1860 Abbildungen und kurze Besprechungen sämmtlicher im Aachener Schatze befindlichen Reliquiengefässe zu liefern; so haben wir doch nicht umhin gekonnt, der Beschreibung der Aachener Reliquien hier noch die Abbildung jenes prachtvollen Kreuzes beizufügen, das unter dem Namen des Lothar-Kreuzes bekannt ist. Dasselbe muss nach seiner Technik und Composition zwei durchaus verschiedenen Kunstepochen zuerkannt werden, wie die verschiedenen Prachtkreuze im Schatze zu Essen, dessgleichen zwei ähnlich gestaltete Vortragkreuze im Domschatz zu Osnabrück und in der Magdalenenkirche zu Hildesheim bekunden. Das vorliegende Processionale (*crux stationalis*) gehört unstreitig dem Beginne des XI. Jahrhunderts an, einer Zeit, in welcher zur Belebung grösserer Flächen das Filigran in Abwechselung mit zierlich gefassten Edelsteinen in der religiösen Goldschmiedekunst sehr gebräuchlich war. Auch kommt um diese Zeit im christlichen Abendlande der Zellenschmelz (*émail cloisonné*) in der Goldschmiedekunst häufiger zur Anwendung, wie ihn die beiden Flächen zeigen, womit jene vier dachförmigen Querleisten verziert sind, auf welchen die rechtwinkeligen Dreiecke ruhen, mit denen die vier Kreuzbalken ausmünden. Jene Schmelzverzierungen, wie die dreiseitigen Abschlüsse der Kreuzarme scheinen uns auch deutlich genug auf einen byzantinischen Werkmeister oder mindestens auf Vorbilder und Muster aus dieser Schule hinzuweisen. Zu dem ebengedachten Vortragekreuze gehörte ehemals eine Tragstange (*canna fistula*), wodurch es möglich gemacht wurde, dieses stattliche Kreuz bei feierlichen Veranlassungen, Processionen und den Krönungen der römischen Könige in Aachen hoch emportragen zu können. Die Tragstange ist heute nicht mehr vorhanden und ist im XIV. Jahrhundert ein formschönes Fussgestell in den Bildungen der entwickelten Gothik zu dem

besagten Prozessionskreuze angefertigt worden, damit dasselbe fortan auch als Vorsatz- und Altarkreuz benutzt werden könne. Dieser kunstreich geformte Fuss bildet eine Rose im Sechsblatt und befinden sich auf jedem Blatte unter reich gegliederten Baldachinen ciselirte Statuetten; auf den beiden Mittelfeldern (1 und 4) der Vorder- und Rückseite befindet sich die gleiche Darstellung, nämlich Christus am Kreuz mit Maria und Johannes zu Seiten. Neben der vordern Passionsgruppe steht auf dem Felde rechts Maria mit dem Jesuskinde auf dem Arm, links Sanct Johannes mit einem Buch; neben der hintern Passionsgruppe links Sanct Peter mit einem Schlüssel in der Rechten und einem grossen nach Unten gekehrten Schwert in der Linken und rechts Sanct Paul mit einem äusserst kleinen säbelartigen, nach Oben gehaltenen Schwert in der Linken. Die Fläche des Fusses ist mit Gravirungen von ganz romanischem Character bedekt. Auf den Vierpässen des sechstheiligen Knaufes, die als Pasten (*rotuli, rosulae*) stark vorspringen, erblickt man auf dunkel emaillirtem Grunde sechs Standbildchen, von denen zwei den englischen Gruss darstellen; auf den vier anderen befinden sich St. Katharina, St. Ursula, St. Dorothea und St. Barbara.

Noch fügen wir hinzu, dass die filigranirte Oberfläche des Kreuzes in der schönsten Farbenvertheilung mit Perlen und Edelsteinen besäet ist, von denen drei Gemmen, die übrigen meist ungeschliffene Steine (*cabochons*) sind. In der Kreuzesvierung steht eine äusserst werthvolle antike Kamee 2″ 11‴ (77 Mm. hoch, 2″ 8‴ (70 Mm.) breit, die, aus einem Onyx geschnitten, die Büste des Kaisers Augustus darstellt. Am unteren Ende des Langbalkens des Kreuzes ersieht man, in Bergkrystall geschnitzt, eine werthvolle Gemme, die dem frühen Mittelalter angehört und einer glaubwürdigen Tradition zufolge von dem Siegelringe des Kaisers Lothar, des Sohnes Ludwigs des Frommen und Enkels Karls d. G., herrührt. Die Umschrift lautet: † XPE ADIVVA HLOTHARIVM REG. † in lateinischen Majuskeln und ohne Interpunction. Eine dritte klassisch griechische Gemme erblickt man auf dem unteren Kreuzbalken zwischen den beiden ebengedachten Steinen. Für die Kunst und Alterthumsforschung ist auch die Rückseite des Lothar-Kreuzes von grossem Belang; sie trägt eine eingravirte Arbeit, die Darstellung des Heilandes am Kreuze, wie sie gegen Schluss des X. und XI. Jahrhunderts häufig angetroffen wird. Wie immer in dieser Zeit ist der Gekreuzigte stehend auf einem Blöckchen (*suppedaneum*) dargestellt. Der Fuss des Kreuzes ist von der alten Sündenschlange umwunden. Die personifizirte allegorische Darstellung von Sonne und Mond hat der Künstler in Kreismedaillons auf den beiden Querarmen zur Darstellung gebracht. Auf dem Titel des Kreuzes liest man in lateinischen Majuskeln die Inschrift: HIC EST HIC *) NAZARENVS REX IVDEORVM und darüber erblickt man im oberen Kreuzbalken aus stylisirten Wolken herausragend die Hand des Vaters als mittelalterliches Symbol der ersten Person der Gottheit; dieselbe hält einen Kranz, worin die Taube als Symbol der dritten Person der Gottheit schwebt, während der Gekreuzigte die Trinität vollendet.

*) HIC—IIIS—HIESVS.

Nachtrag.

Kurzes Verzeichniss der kirchlichen Kleinodien und mittelalterlichen Kunstwerke, welche sich im Münster zu Aachen vorfinden.

In den vorliegenden Blättern, die der Aufzählung der Aachener Reliquien und einer kurzen Beschreibung ihrer kunstvollen Einfassungen gewidmet sind, konnte unsere Absicht unmöglich dahin gehen, den Besuchern der Karolingischen Reliquienschätze zugleich eine ausführliche Darstellung aller Kunstwerke und Kleinodien an die Hand zu geben, die in dem Schatze des Aachener Münsters während der Stürme der letzten Jahrhunderte eine sichere Zufluchtsstätte gefunden haben. Wir werden später unter Beigabe der nöthigen xylographischen Abbildungen eine ausführlichere Beschreibung sämmtlicher Kleinodienstücke, die nicht zugleich Reliquienbehälter sind, folgen lassen und beschränken uns in der vorliegenden Schrift darauf, als Nachtrag eine kurze, aber möglichst vollständige Aufzählung der mittelalterlichen kirchlichen Gebrauchsgeräthschaften und der damit in nächster Beziehung stehenden Kunstschätze des Aachener Münsters anzureihen, die in solcher Vollständigkeit und in so reicher Abwechselung von Form und Stoff heute nur selten in einem Schatze vereinigt gefunden werden. Wir werden bei dieser Uebersicht, so viel es angeht, eine chronologische Reihenfolge einzuhalten suchen.

Nro. 24. Ein Sarkophag aus parischem Mormor aus der römischen Kaiserzeit. (Länge 6′ 10$^{1}/_{2}$″, Breite 1′ 11″, Höhe 1′ 9″.) Derselbe veranschaulicht im Hautrelief den Raub der Proserpina. Die Tradition leitet denselben vom Kaiser Augustus her und bringt ihn in Beziehung mit der Begräbnissstätte Karl's des Grossen.

Nro. 25. Ein einfacher, aus Platten von unpolirtem weissen Marmor zusammengefügter Stuhl in Form der älteren bischöflichen Kathedra, in einer Höhe von 3 Fuss, auf welchem die feierliche Huldigung nach vollzogener Krönung der deutschen Könige vollzogen zu werden pflegte. Eine alte Tradition berichtet von demselben in Widerspruch mit den Angaben einiger Chronisten, dass dieser Marmorstuhl sich im Grabe Kaiser Karls vorgefunden habe. Die Gestalt desselben lässt auf hohes Alterthum schliessen. Aehnliche Sitze finden sich in älteren Kirchen Roms (St. Stefano rotondo).

Nro. 26. Zwei grosse Pfortenflügel nebst vier kleinen Thürflügeln in Erzguss, aus der Karolingischen Zeit, die von der Entwickelung des Metallgusses in den Tagen Karls des Grossen beredtes Zeugniss ablegen. Wenn auch die bekannten gegossenen Thürflügel aus der frühromanischen Kunstepoche an den Domen zu St. Zeno, zu Verona, zu Hildesheim, zu Augsburg, zu Nowgorod hinsichtlich ihres figuralen Schmuckes für das Studium der mittelalterlichen christlichen Kunst ein höheres Interesse beanspruchen; so dürften doch die Karolingischen Thürflügel am Münster zu Aachen nicht allein wegen ihres hohen Alters, sondern auch wegen der Einfachheit und Strengheit ihrer Formen ein nicht geringes Interesse bieten, zumal sich bei Betrachtung derselben ergiebt, wie Karl der Grosse und seine Zeitgenossen bei Neuschöpfungen auf dem Gebiete der Kleinkunst eben sowohl wie in der Architektur die vorfindlichen Formen der klassisch-römischen Kunstweise sich zum Vorbilde gestellt haben. Hinsichtlich der Entstehungszeit und der künstlerischen Eintheilung und Anordnung haben die alten gegossenen Thürflügel des Abtes Desiderius vom Monte Cassino und die grossartigen Thürflügel des Domes von St. Marco in Venedig mit ihren eingeschweissten figürlichen Darstellungen in Silber grosse Aehnlichkeit mit den unsrigen. Leider stehen die Aachener Thüren gegenwärtig nicht mehr an ihrer ursprünglichen Stelle.

Nro. 27. Acht Gitter (*Cancelli*) in Erzguss aus derselben Zeit wie die gegossenen Thürflügel, dienen wie vordem so noch heute als Abschluss zwischen den Säulen der Emporkirche, des sogenannten Hochmünsters. Die Musterungen in diesen Gittern wechseln manchfaltig ab und geben Motive zu erkennen, die auch in der klassisch-römischen Kunst häufig angetroffen werden. Für die Alterthumsforschung bietet besonders das eine dieser Cancellen ein grösseres Interesse, da es in reicher Formentwickelung die bekannten Laubornamente des antiken Akanthus erkennen lässt, und zwar in ähnlicher Stylisirung, wie sie in der Spätzeit der römischen Caesaren angetroffen wird.

Nro. 28. Evangelien-Codex in Pergament des IX. Jahrhunderts, mit einer grossen Titelminiatur, vorstellend die vier Evangelisten; Länge $30^{1/2}$ Centimeter, Breite 24 Centimeter. Das in Rede stehende Evangelistarium, dessen Schriftzüge und Malereien für die Karolingische Kunstepoche massgebend sein dürften, scheint in den Tagen Heinrichs des Heiligen den jetzigen reich verzierten Einbanddeckel (*vestis libri, frontale*) erhalten zu haben. Nicht nur stimmen die vielen in Goldblech getriebenen Bildwerke, dem Leben des Heilandes entlehnt, mit ähnlichen Kunstwerken des XI. Jahrhunderts genau überein; sondern die Elfenbeinskulptur in der mittleren Fläche, die Gottesmutter mit dem Jesusknaben vorstellend, zeigt eine fast täuschende Uebereinstimmung sowohl in der Composition wie in der technischen Ausführung mit jenem Relief, das sich an dem ähnlichen Evangelistarium Kaisers Heinrich des Heiligen zu Bamberg heute noch befindet. Auch die äusserst zart ausgeführten in Weise von kleinen Medaillons auf der äusseren Fläche vertheilten Zellen-Schmelze (*émail cloisonné*) sind in ihren Musterungen für die oben gedachte Zeitepoche bezeichnend. Auch das Schloss dieses Evangelistariums sowie nicht minder die in Silber getriebenen figürlichen Darstellungen auf der Rückseite aus spätromanischer Kunstepoche sind für die Archäologie nicht ohne Interesse.

Nro. 29. Evangelistarium, ein Pergamentcodex mit reichen Miniaturen und Initialen von hoher künstlerischer und technischer Vollendung. Der ursprüngliche Einband findet sich heute an diesem kostbaren Codex nicht mehr vor und rührt der jetzige aus dem letzten Decennium her. An diesem neuen Einbande sind verschiedenartige Ornamente in durchsichtigem Flachschmelz als kleinere Eckbesätze angewandt, die wahrscheinlich von andern Kleinodienstücken des Aachener Schatzes herrühren. Dieselben haben grosse Aehnlichkeit mit den vielen in durchsichtigem Flachschmelz gemalten Figuren, die an der Reliquienkapelle unter Nro. 20 vorkommen. Von besonderer Schönheit und Stylstrenge ist das grosse mittlere Medaillon, das, dem Beginne des XIII. Jahrhunderts angehörend, in einer durchbrochenen Arabeske eine geniale Verbindung von Ornamenten der Pflanzenwelt mit denen der Thierwelt veranschaulicht.

Nro. 30. Ein Antiphonarium des XIV. Jahrhunderts. Pergamentmanuskript, dessen Einband mit zwei merkwürdigen Elfenbeinskulpturen geschmückt ist. Die beiden Elfenbeinflächen sind je in drei Quadraturen getheilt, innerhalb welcher Darstellungen aus dem Leben des Heilandes in Basrelief ersichtlich sind. Diese beiden Elfenbeinskulpturen, die von einem Diptychon aus früh-christlicher Zeit herrühren, haben viele Formverwandtschaft mit ähnlichen Diptychons, die sich heute noch im Schatze von Monza aus den Tagen Gregor's des Grossen vorfinden. Höhe 13" 2''' (343 Mm.), Breite 5" 5''' (141 Mm.).

Nro. 31. Evangelienstuhl (ambo) in getriebenem Rothkupfer mit starker Feuervergoldung und verziert mit vielen Metallemaillirungen und getriebenen Bildwerken, sowie mit sechs grossen Elfenbeinskulpturen und zahlreichen geschnittenen Steinen. Einer auf diesem ambo befindlichen Inschrift zufolge rührt derselbe als Geschenk von Kaiser Heinrich dem Heiligen, aus dem Beginne des XI. Jahrhunderts, her. Leider hat dieses seltene Kunstwerk im XVII. Jahrhundert in seinen Bildwerken eine bedeutende Modifikation erlitten. Aus dieser Zeit rühren mehrere in den quadratischen Feldern dieses lectorium angebrachte getriebene Bildwerke her, wodurch die kostbaren alten Arbeiten verdrängt wurden. Eine derselben erblickt man heute auf dem kleinen Lesepult, der an Festtagen zur Absingung des Evangeliums auf dem in Rede stehenden Lettner aufgestellt wird. Dieser Lesepult hat nicht den mindesten Kunstwerth.

Nro. 32. Ein Weih- oder Sprengkesselchen, in Elfenbein geschnitzt, mit vielen Bildwerken in halb erhabener Arbeit. Eine interessante Inschrift am obern Rande eines ähnlichen, fast gleichzeitigen vas lustrale im Domschatz zu Mailand*) lässt den nahe liegenden Schluss ziehen, dass das merkwürdige Sprenggefäss aus dem Schlusse des X. Jahrhunderts, welches sich im Aachener Münsterschatze befindet, ehemals dazu gedient habe, den erwählten deutschen Königen das geweihte Wasser vermittels eines Weihwedels darzureichen, wenn sie behufs der feierlichen Inauguration in die Krönungskirche zu Aachen einzutreten im Begriffe standen. Eine abermalige vor Kurzem unternommene Besichtigung des form- und stylverwandten Sprenggefässes im Schatze des Mailänder Domes hat uns die Ueberzeugung beigebracht, dass, wie bei dem letztgedachten Gefässe, so auch in dem zu Aachen sich ehemals

---

*) Vergl. unsere Beschreibung und charakteristische Abbildung eines Weibkessels in Elfenbein, aus dem Schatze des Mailänder Domes, in den Mittheilungen der „Centralcommission zur Erhaltung der Baudenkmale". Wien, im Maiheft, 1860.

ein Einsatz von Metall vorgefunden habe, der die Bestimmung trug, das geweihte Wasser aufzunehmen. Mit Grund steht es zu erwarten, dass in nächster Zeit das eben gedachte historisch merkwürdige Sprenggefäss im Aachener Schatze, das heute leider einem durchaus fremdartigen Nebenzwecke, nämlich zur Umkleidung des Ständers eines Lesepultes dient, seiner ursprünglichen Bestimmung zurückgegeben und mit einem kunst- und stylgerechten Henkel, ähnlich dem im Mailänder Dome, wieder versehen werde.

Nr. 33. Ein Altarvorsatz (*frontale, palla altaris*), bestehend aus mehren vierseitigen und gerundeten Goldblechen, die in halb erhaben getriebener Arbeit Darstellungen aus dem Leben und Leiden des Herrn veranschaulichen. Ein sorgfältiger Vergleich mit der berühmten *palla d'oro* in St. Marco zu Venedig, desgleichen mit der prachtvollen Altarbekleidung zu St. Ambrogio zu Mailand und der Vorsetztafel im Dome zu Monza, der uns noch vor Kurzem entgegenkommend gestattet wurde, hat uns in der bereits früher ausgesprochenen Ansicht vollkommen bestärkt, dass die vielen heute zur innern Bekleidung eines unzweckmässig konstruirten Reliquienschrankes benutzten Goldbleche als Füllungen eines goldenen *frontale* dienten, das in den Tagen der letzten Ottonen von äusserst befähigter Hand zum Schmucke des Hauptaltars der Aachener Pfalz- und Krönungskirche angefertigt worden ist. Die fast gleichzeitige goldene Vorsetztafel in St. Ambrogio zu Mailand hat nicht nur eine vollkommen gleiche Eintheilung und Anordnung der figuralen Bildwerke, sondern ist auch dadurch um so werthvoller für uns, weil sie die ursprünglichen kunstvollen Einrahmungen und Umfassungen noch besitzt, welche an der Aachener *palla d'oro* gänzlich fehlen. Hoffentlich ist die Zeit nicht fern, wo bei der Errichtung eines stylgerechten Hochaltars dieses Prachtwerk aus der Zeit der Ottonen eine kunstgerechte Zusammensetzung und Aufstellung an geeigneter Stelle finden wird.

Nro. 34. Jagdmesser mit Lederscheide, 20" 1''' (525 Mm.) lang und 2" 10''' (73 Mm.) breit. Das einfache zweischneidige Messer hat eine einfache Handhabe von Büffelhorn mit Goldrändern. Eine unverbürgte Tradition will dieses Jagdgeräth auf die Tage Karls des Grossen zurückführen. Die Scheide in Leder lässt auf beiden Seiten eine Menge interessanter getriebener Laubornamente erkennen, die einen eigenthümlichen Charakter zur Schau tragen und dem XI. Jahrhundert anzugehören scheinen. Eine räthselhafte Inschrift auf dem untern Rande dieser merkwürdigen Scheide hat die Vermuthung aufkommen lassen, dieselbe sei angelsächsischen Ursprungs. Diese vertieft eingelassene Inschrift lautet: + BVRIITSIGE ME CFECI + (confecit).

Nro. 35. Lichterkrone (*corona luminaria, polycandela*) in vergoldetem Kupfer mit vielen eingravirten Darstellungen und mit gemalten Verzierungen in bräunlichem Schmelzfirniss, einer interessanten Inschrift zufolge ein Geschenk Kaisers Friedrich Barbarossa [*]). Dieser stattliche und mit Recht beim Volke „Krone" benannte Leuchter, der heute nur noch wenige formverwandte Parallelen findet (im Dome zu

---

[*]) Vergl. die betreffende Abbildung u. Abhandlung des Abbé Martin in seinen *Melanges archéologiques*.

Hildesheim und in der Kirche zu Halberstadt), ist im Grundriss wahrscheinlich nicht ohne Beziehung zum Karolingischen Polygon als Sechszehneck mit acht grossen und acht kleinen Thürmen angelegt und veranschaulicht zugleich, der Inschrift gemäss, das Bild jenes himmlischen Jerusalems, dessen Glanz und Pracht der Evangelist Johannes im Geiste erschaut und beschrieben hat. Die Unbill verflossener Jahrhunderte hat auch dieses grossartige Kaisergeschenk in einzelnen Theilen willkürlich und ohne Noth verändert, so dass eine baldige Wiederherstellung dieses Meisterwerks mittelalterlicher Goldschmiedekunst im Sinne der ersten Wiederhersteller sehr zu wünschen wäre.

Nro. 36. Giesskännchen, *urceolus*, ein griechisches Gusswerk in Kupfer mit starker Feuervergoldung, XIII. Jahrhundert. Dieses merkwürdige Gefäss diente aller Wahrscheinlichkeit nach als *aquamanile* bei den ältern Krönungen; ein ähnlicher formverwandter Wasserbehälter befindet sich in der reichhaltigen Sammlung mittelalterlicher Kunstwerke Sr. Hoheit des Fürsten Karl Anton von Hohenzollern-Sigmaringen. Höhe 6" 8''' (175 Mm.), Fussbreite 5" ½''' (132 Mm.), Dicke 3" 5''' (90 Mm.).

Nr. 37. Prachtvolle Königs-Krone aus vergoldetem Silber, mit vielen Gemmen, Kameen und gefassten Edelsteinen; dieselbe ruht auf dem in Silberblech getriebenen Brustbilde Karls des Grossen (vergl. die Abbildung bei Nro. 13) und zeigt im Innern eine solche Einrichtung, die deutlich zeigt, dass ehemals im Innern ein Kronhäuptchen (*pileus*) behufs des Tragens darin befestigt war. Es dürfte keinem Zweifel unterliegen, dass diese prachtvolle Insignie bei einzelnen Krönungen der deutschen Könige ehemals vorübergehend in Gebrauch genommen worden ist. Die Abbildung und Beschreibung dieser Krone, die von Einigen als die „*corona argentea*" des ehemaligen deutschen Reichs betrachtet wird, haben wir in den „Mittheilungen der K. K. Central-Commission zur Erhaltung der Baudenkmale" von 1858 veröffentlicht und wird dieselbe in dem unter der Presse befindlichen Prachtwerke: „Die Kleinodien des heil. römischen Reiches deutscher Nation" in Naturgrösse eine Abbildung und eingehende Beschreibung finden. Form und technische Beschaffenheit bekunden hinlänglich, dass dieses Diadem gegen Mitte des XIII. Jahrhunderts Entstehung gefunden hat.

Nro. 38. Szepter (*virga, baculus regalis*), bestehend aus einem silbernen Stab der in seiner ganzen Länge von drei vergoldeten Knäufen (*pomella*) abgefasst wird. Auf dem obersten Aepfelchen erblickt man eine zart stylisirte Taube in der Technik des XIII. Jahrhunderts. Sowohl diese Taube wie die ganze Einrichtung der Hoheits-Insignie geben deutlich zu erkennen, dass sie ehemals als Szepter gedient habe. Mehrere Stellen bei *Ducange* geben an, dass die Szepter der englischen Könige im XII. und XIII. Jahrhundert mit solchen „*columbae in summitate*" verziert zu werden pflegten. Ein Näheres über Gestalt und Herkommen dieser Insignie nebst Abbildung in natürlicher Grösse wird unser Werk: „die deutschen Reichskleinodien" bringen. Länge 31" (810 Mm.), Höhe der Taube 1" 1''' (50 Mm.).

Nro. 39. Jagdmesser mit zweischneidiger grader Klinge und einer Scheide und Handhabe in Elfenbein, Länge 14" 9''' (385 Mm.). Sowohl die figuralen und ornamentalen Skulpturen auf beiden Seiten der Scheide, wie die Gestalt und Verzierung der fünf Wappenschilde dienen zum Belege, dass diese Waffe in der ersten Hälfte des XIV. Jahrhunderts Entstehung gefunden hat.

Im Vorbeigehen sei hier bemerkt, dass Abbé Texier in seinem Werke: *Dictionnaire d'orfévrerie* unter der Bezeichnung *couteau* interessante Stellen aus ältern Schriftstellern zusammengestellt hat, aus denen erhellt, dass man im Mittelalter bei Ueberweisung von Liegenschaften und Vermächtnissen an bestimmte Kirchen zugleich mit der betreffenden Urkunde ähnliche, mehr oder weniger reich verzierte Waffen auf den Altar niederzulegen pflegte. So dürfte das Vorfinden solcher reich verzierten Waffen in den Kirchenschätzen des Abendlandes zu erklären sein. Eine ähnliche, reich mit vielfarbigem Schmelz verzierte Waffe aus dem Schluss des XIV. Jahrhunderts findet sich vor im Schatze der hiesigen ehemaligen Stiftskirche von St. Adalbert.

Nro. 40. Sitzendes Bild einer Wölfin oder Bärin, ein Bronzeguss in vollendeter Technik, in der Höhe von 2½ Fuss. Dieses Wahrzeichen der Reichsstadt Aachen wird von Einigen zu den mittelalterlichen, von Anderen zu den klassisch-römischen Gusswerken gezählt. Auf dem gegenüberstehenden Pfeiler erblickt man am Haupteingange des Münsters als Gegenstück einen Pinienapfel mit vielen durchbohrten Schuppen. Einheimische Chronisten berichten, dass ehemals sowohl dieser Pinienapfel als auch die Wölfin den ältern Vorhof des Münsters (*atrium paradisus*) schmückten und an dem dort befindlichen Brunnen (*cantarus*) eine besondere Anwendung gefunden haben. Auf dem untern Sockel des Pinienapfels befindet sich eine Inschrift, die in der charakteristisch romanischen Ausprägung der Buchstaben deutlich die Entstehungszeit dieses Gusswerkes in das XII. Jahrhundert versetzt und von Herrn *P. St. Kaentzeler* gelesen und glücklich interpolirt wurde.

Nro. 41. Eine höchst merkwürdige länglich viereckige Tasche (*involucrum*) aus dünnem feinem gemustertem und vergoldetem Leder. Länge 8" (210 Mm.), Breite 5" (130 Mm.). Diese Umhüllung hat heute noch eine sehr glanzvolle und eigenthümliche Vergoldung. Die noch deutlichen Musterungen bestehen aus kleinen etwa ³/₄" grossen Kreisen (*orbiculi, scutellae*), die ohne sich zu berühren streifenförmig geordnet sind. Aehnliche Kreise in derselben Anordnung finden sich auf einer merkwürdigen orientalischen Elfenbeinbüchse, die mit arabischen Inschriften verziert im Schatze von St. Gereon in Köln aufbewahrt wird. Auch die Sakristei zu Werden hat zwei grössere Elfenbeinladen mit denselben Ornamenten. Eine vorübergehende Aeusserung eines kenntnissreichen Franzosen mag hier, jedoch ohne nähere Verbürgung, eine Stelle finden. Derselbe hielt diese hoch im Werthe stehende Tasche für eine der Einhüllungen, in welchen Briefe und Schriftstücke des Harun al-Raschid an Karl den Grossen gelangt seien. Die Tasche hat gegenwärtig einen starken Einriss an einer Seite. Schnüre zum Einziehen, Verschliessen und Tragen scheinen sich an derselben nicht befunden zu haben.

Nro. 42. Ein viereckiger kleiner Beutel in gemustertem Seidenstoff. Länge 6" 5‴ (165 Mm.), Breite 5" 5‴ (140 Mm.). Dieses interessante *Opus plumarium* des XII. Jahrhunderts ist auf feinem Seidenstramin in gezwirnter Seide so gestickt (gewebt?), dass verschiedene farbige Streifen mit einander abwechseln, auf denen sich verschiedenfarbige Ornamente befinden, deren Formen auf orientalischen Ursprung hindeuten. Die Ränder des Beutels werden durch eine schmale Goldborte gebildet. Das Innere ist mit Leinen gefüttert. Am obern Ende befinden sich zwei verzierte Schnursysteme, das eine zum Tragen, das andere zum Zuziehen. Wahrscheinlich sind in diesem merkwürdigen Beutel ehemals Reliquien aufbewahrt gewesen, die heute wohl in reicheren Einfassungen dem Münsterschatze noch angehören.

Nro. 43. Drei Predellstücke mit gemalten Darstellungen der heiligen Jungfrau in verschiedener Auffassung; werden gewöhnlich als *tabulae reliquiarum* aufgeführt und sind vor vergoldeten Silberrahmen mit vielen ciselirten und eingeschmelzten Ornamenten umfasst. Die vertieften Flächen dieser drei reichen Bildwerke, die ehemals zu den Schätzen der von König Ludwig I. gestifteten Ungarischen Kapelle gehörten, zeigen Tempera-Malereien älteren slavischen Ursprunges, anlehnend an byzantinische Vorbilder. Diese Bilder sind in neuerer Zeit fast ganz übermalt worden. Der Grund der innern Fläche ist Silberblech, auf welcher sich die goldenen Lilien der Anjou befinden, umflossen von einem tiefblauen durchsichtigen Flach-Schmelz. Diese Bleche sind da, wo die Malereien beginnen, ausgeschnitten und bilden demnach einen Metallrand um die Bilder. Es ist sehr zu wünschen dass die Tempera-Malerei auf dem Tiefgrunde von Meisterhand wieder sorgfältig zu Tage gelegt und die eben so stylwidrigen als unkünstlerischen Uebermalungen des vorigen Jahrhunderts entfernt werden.

Nro. 44. Zwei reich verzierte Pectoralkrampen; Höhe 8" 6''' (222 Mm.), Breite 7" 1''' (185 Mm.). Eine Menge heraldischer Abzeichen, welche ein grosses emaillirtes Doppelwappen umgeben, das auf der rechten Hälfte die Balken Ungarns, auf der linken die Lilien Frankreichs trägt, benehmen alle Zweifel, dass diese beiden Kleinodienstücke zum Ornate gehören, den Ludwig der Grosse von Ungarn urkundlich für die von ihm errichtete Kapelle geschenkt hat. Die etwas schwer zu entziffernde Inschrift auf der innern Umrandung, die in Gold auf blauem Schmelz ersichtlich ist, lautet wie folgt: gstes lere welde ich mere; ich begere maria lere.*)

Nro. 45. Zwei Pectoralkrampen, bestehend aus modernen, in Gold durchwirkten Seidenstoffen, auf welchen zwei emaillirte Wappenschilder Königs Ludwig des Grossen als König von Ungarn und als König von Böhmen befestigt sind. Ueber diesem heraldischen Wappenschilde in Email befindet sich je ein Wappenhelm, von welchen der eine mit dem gekrönten polnischen Adler, der andere mit dem Straussenkopf, der das vergoldete Hufeisen in geöffnetem Schnabel hält, verziert sind. Höhe des erstern 5" 4''' (140 Mm.), des letztern 5" 11''' (155 Mm.).

Nro. 46. Standbild der heil. Jungfrau als Himmelskönigin mit dem Jesuskindlein. Höhe 31" 4''' (818 Mm.) Sockelbreite 12" 7''' (330 Mm.) Dies Bildwerk, in Silber getrieben mit starker Feuervergoldung, ruht auf einem architektonisch konstruirten von kleinen Löwen und Kugeln getragenen Sockel mit Spitzbogenverzierungen. Es stammt offenbar, wie viele charakteristische Einzelnheiten besagen, aus der Mitte des XIV. Jahrhunderts und diente ehemals wahrscheinlich als Reliquienbehälter, wie

---

*) Soll wohl heissen „ere" (Ehre), wofür der Goldschmied irrthümlich, wie es so häufig der Fall ist, „lere" geschrieben.

eine verschliessbare Oeffnung auf der Rückseite andeutet. Um dieses getriebene Bildwerk hängt eine ausgezeichnet ciselirte und mit vielen eingeschmelzten Ornamenten verzierte grosse Halskette, die, aus dem feinsten Golde gearbeitet, ursprünglich vielleicht als profaner Schmuck getragen wurde und wahrscheinlich als Votivgeschenk in den Besitz der Kirche gekommen ist. Ein ähnliches prachtvolles Collar befindet sich im Schatze der ehemaligen Stiftskirche zu Essen.

Nro. 47. Statue der heiligen Jungfrau mit dem Jesuskindlein, Gegenstück zu dem eben beschriebenen Bildwerk, ebenfalls in Silber getrieben und vergoldet. Diese Statuette bekundet eine grössere Meisterschaft von Seiten des Goldschmiedes in Behandlung und Anordnung des Faltenwurfes, desgleichen auch in Bezug auf Darstellung der Inkarnationstheile, die an dem vorliegenden Votivbilde nicht wie beim vorigen vergoldet, sondern in Silber gehalten sind. Die Tradition gibt an, dass dieses Standbild von einem Schiffer zur Dankbarkeit für seine Rettung aus einem Meeressturme der heil. Jungfrau zu Aachen zum Geschenk gemacht worden. Eine nähere Besichtigung hat jedoch ergeben, dass das kniende Bildwerk nicht einen Schiffer, sondern vielmehr einen mit Panzerhemd und reicher Metallrüstung ausgestatteten Rittersmann darstelle, auf den oben gedachte Errettung zu beziehen sein dürfte. Auf dem Haupte der heil. Jungfrau befinden sich zwei kleine Vorsprünge, welche offenbar zur Befestigung einer Krone bestimmt sind, die gegenwärtig nicht mehr vorhanden ist.

Nro. 48. Agraffe, Mantelschloss, Krampe zur Verbindung und Befestigung der Chorkappe (*pectorale*, *fibula*) in Form eines Vierpasses; Höhendurchmesser 7" 8''', (200 Mm.) Querdurchmesser 7" 1''' (185 Mm.). Die äusseren Abfassungslinien sind abwechselnd mit Perlen und in Goldblech geschnitzten Blumen aufs reichste abgegrenzt. Die innere Vierung zeigt, von Baldachinchen überragt, in feiner Ciselirung die Darstellung der Verkündigung. In der untern Abtheilung kniet der Donator in der Tracht eines Stiftsherrn, vor ihm befinden sich zwei ciselirte Statuetten, St. Christoph und ein heiliger Papst, wahrscheinlich die Patronen des Knienden. Auf dem untern Rande erblickt man das Wappen des Donators, nämlich auf roth emaillirtem Felde zwei in)(-Form gegeneinandergekehrte Bogen, welche in der Mitte durch ein Quadrat zusammengehalten werden, und über denselben ein goldener Stern. Eine Menge von technischen Einzelnheiten bekunden deutlich, dass dieses prächtige Pectoralstück gegen Mitte des XIV. Jahrhunderts Entstehung gefunden hat.

Nro. 49. Leuchter in Silber mit vergoldeten und emaillirten Ornamenten; Höhe 8" 9''' (228 Mm.), Fussbreite 5" 4''' (140 Mm.). Dieselben gehören, wie die auf dem Fusse befindlichen Wappenschilder besagen, zu den ehemaligen Schenkungen des Königs Ludwig von Ungarn an seine Kapelle. Gothische Leuchter in solchem Formenreichthum gehören heut zu Tage zur grossen Seltenheit.

Nro. 50. Lesepult (*lectorium*, *pulpitum*), ein Gusswerk aus dem Schlusse des XIV. oder dem Beginne des XV. Jahrhunderts. Aehnliche Lesepulte in verwandten Formen finden sich heute noch vereinzelt am Rheine vor; häufiger sind dieselben in belgischen Kirchen, meistens aus dem XV. Jahrhundert herrührend, anzutreffen, wo sie schlechthin den Namen *oeuvre de Dinant* oder *Dinanderie* führen.

Nro. 51. Ein Pectoralschloss in Form eines länglichen Vierecks mit dem Englischen Gruss, in getriebener Arbeit. Breite 6" 2''' (160 Mm.), Höhe 4" 10''' (128 Mm.). Der reiche Faltenwurf der Gewänder, dessgleichen die silbernen Vierpassröslein geben zu erkennen, dass dieses Pectorale gegen Anfang des XV. Jahrhunderts angefertigt wurde.

Nro. 52. Vortragekreuz in gothisirender Form, angefertigt in den letzten Jahren, mit einem älteren romanischen Cruzifix. In den vier Lilien der Kreuzbalken befinden sich, und zwar auf der Vorder- und Rückseite, ältere gefasste Edelsteine (Saphire, Berylle, dessgleichen auch als Cabochons behandelte Krystallpasten), deren altromanische Fassungen (lectula) deutlich besagen, dass sie ehemals an einem anderen Werthstücke des Schatzes als Ornamente sich mögen befunden haben. Von grosser Schönheit ist namentlich der als Kamee geschnittene Beryll, der, wie die meisten geschnittenen Edelsteine des Aachener Schatzes, dem klassischen Zeitalter anzugehören scheint. Auch die grossen eingeschmelzten Medaillons auf den Vierungen des Kreuzes gehören einem frühern Jahrhundert an und haben täuschende Aehnlichkeiten mit den eingeschmelzten Nymben, die sich hinter den Häuptern der sitzenden Bildwerke der zwölf Apostel auf dem grossen Marienschrein befinden.

Nro. 53. Vortragekreuz (crux stationalis) in Silberblech mit unterlegtem Holz; Die vier Querbalken enden in jenem bekannten Ornament der fleur de lis, das seit dem XII. Jahrhundert als Verzierung der Kreuzbalken allgemeiner in Anwendung gekommen ist und sich in vielen Modificationen bis zum Schluss des Mittelalters erhalten hat. Ornamentale Einzelnheiten, dessgleichen auch die Technik bekunden, dass dieses Prozessionskreuz von demselben Meister herrührt, der auch die unter Nro. 55 besprochenen Ministranten-Leuchter angefertigt hat.

Nro. 54. Bildstickerei, darstellend den sogenannten Gnadenmantel Mariä, d. h. die h. Jungfrau mit dem Jesuskinde als Beschützerin der Christenheit, die sie mit ihrem weiten Mantel umschliesst, der von einem Engel auf jeder Seite getragen wird. Zu beiden Seiten der Himmelskönigin kniet eine Schaar von frommen Pilgern, kenntlich an ihren Wanderstäben; ihre verschiedenen Bekleidungen zeigen, dass diese Bittenden die verschiedenen Stände, arme und reiche, darstellen sollen. Aehnliche Auffassungen in Malerei und Bildhauerei sind im Mittelalter nicht selten. Wir kennen eine solche, wo Kirche und Staat unter dem Gnadenmantel Mariä dargestellt sind. Diese Stickerei im feinsten Plattstich von unübertrefflicher Schönheit scheint das Mittelbild eines ehemaligen Flügel- oder Klappenaltares gewesen zu sein. Die Haltung der Figuren, der Faltenwurf der Gewänder sind unumstössliche Belege, dass diese kostbare Bildstickerei aus der Blüthezeit des Plattstichs herrührt und dem Ausgang des XV. Jahrhunderts angehört.

Nro. 55. Zwei Akoluthen-Leuchter in Silber. Höhe 10" 4''' (270 Mm.). Durchmesser des Fusses 7" 8''' (200 Mm.), mit getriebenen und eingravirten Ornamenten. Die Gravuren auf dem Fusse, nicht weniger die Gestaltung der Knäufe als Handhaben geben deutlich zu erkennen, dass diese Leuchter zum Gebrauche der Ministranten bei feierlichen Hochmessen in der ersten Hälfte des XVI. Jahrhunderts angefertigt worden sind.

Nro. 56. Grosses Kapitelssiegel in Silber zum Gebrauch bei der feierlichen Versiegelung und Verschliessung der grossen Reliquien. Höhe 3" 4''' (87 Mm.), Breite 2" 9''' (70 Mm.). Dasselbe ist von einem ausgezeichneten Siegelstecher am Schluss des Mittelalters angefertigt worden und lässt in reicher architektonischer Einfassung den Englischen Gruss erkennen. Unter dieser Darstellung ist das Wappen des Kapitels angebracht. Dasselbe ist wie alle grösseren Stiftssiegel in der elliptisch zugespitzten sogenannten Mandelform gestaltet.

Nro. 57. Monstranz in vergoldetem Silber, ein Geschenk Karls V. Die Tradition über das Herkommen dieser Monstranz wird bewahrheitet durch die eigenthümliche Verbindung der Formen der beginnenden Renaissance mit denen der Spätgothik. Heute findet sich der ursprüngliche Bau dieses heiligen Gefässes dahin abgeändert, dass eine Kreiskapsel mit kostbaren Diamanten in Form einer Sonne in jene Stelle eingefügt worden, worin sich ehemals wahrscheinlich ein polygon geschliffener Krystallcylinder befunden hat.

Nro. 58. Krone von Silber mit reicher Feuervergoldung, zum Festtagschmuck für das Bild der Gottesmutter im Hochaltar, ein kostbares Geschenk der Königin Maria Stuart. Diese Krone in den zierlichen Formen der Spätgothik ist mit einer Menge von gefassten Edelsteinen besetzt und mit Perlen und emaillirten Ornamenten reich verziert. Die Lesung der emaillirten Inschriften, die als Ornament stellenweise an dem untern Stirnreif der Krone angebracht sind, soll in der ausführlicheren Arbeit gegeben werden.

Nro. 59. Stab für den *Magister Cantus*, den sogenannten Chorbischof. Dieser Ceremonienstab, zu dem sich auch im Schatze des Kölner Domes eine interessante Parallele und zwar aus dem XIII. Jahrhundert findet (vergl. T. IX, F. 36 37 unseres heiligen Köln), führt zuweilen auch den Namen *baculus præcentoris*. Derselbe trägt auf der Spitze einen halbrunden mit Ornamenten verzierten Knauf, auf welchem sich ein Reichs-Adler mit ausgebreiteten Flügeln in strenger Stylisirung befindet. Dieses heraldische Thierzeichen hat wahrscheinlich Bezug auf das ehemalige Kaiserliche Krönungsstift unserer lieben Frau. Der dazu gehörende Rundstab in aufgelegtem Silberblech, der ehemals diesen oberen ornamentalen Aufsatz trug, wird jetzt als Tragstab zu einem gothischen Kreuz verwandt, das in der neuesten Zeit angefertigt worden ist. Auf der Spitze dieses Stabes erblickt man einen architektonisch reich construirten Untersatz als Knauf, der die Bestimmung hatte, die Verbindung mit dem oben gedachten bekrönenden Aufsatz zu vermitteln. Eine Menge von Einzelnheiten an dem obern Aufsatz lassen den nicht gewagten Schluss ziehen, dass dieser Ceremonienstab im Beginne des XVI. Jahrhunderts Entstehung gefunden hat.

Nro. 60. Zwölf in vergoldetem quadratischem Silberblech meisterhaft getriebene Bildwerke der Apostel. Diese trefflich gearbeiteten Flachgebilde, welche dem reichen geknickten Faltenwurf zufolge dem Ausgange des Mittelalters angehören und die Schule eines Van Eick und Memling durchblicken lassen, dienten früher zu Bedeckungen der beiden Schmalseiten des ehemaligen Krönungsaltars, wenn an Festtagen die vordere Altarseite mit der unter Nro. 33 beschriebenen Palla d'oro geschmückt war.

Nro. 61. **Grabplatte in Kupfer** (*dalle tumulaire*) **aus dem Schlusse des XIV. Jahrhunderts, in der Kreuzkapelle.** Auf der mittleren Fläche dieser trefflich gravirten Grabplatte erblickt man einen Engel als Wappenherold, der, mit einer Albe und Stole bekleidet, einen Wappenschild hält, auf welchem drei Lilien in ausgebildeter Gothik ersichtlich sind. Leider ist die interessante Inschrift, die am Rande dieser Grabplatte herumgeführt ist, durch das häufige Betreten derselben grösstentheils abgenutzt und unleserlich geworden. Mit grösster Mühe lässt sich ein Theil derselben zweifelhaft, das folgende Bruchstück aber mit Sicherheit ermitteln:

Anno Dom. MCCC? — — mensis dec. — — obiit venerabilis vir doms. henricus de malermonte — — — ejuq aia requiescat in pace. Amen.

Nro. 62. Eine zweite Gedächtnisstafel ebenfalls in der Kreuzkapelle, der ehemaligen Begräbnissstätte der Canonici, ist von ähnlicher künstlerischer Ausführung, nur noch gelungener als die vorhergehende und fast vollkommen erhalten. Im obern Theile steht die Mutter Gottes als Himmelskönigin, umgeben von mehreren Engeln und den beiden Heiligen St. Johannes dem Täufer und St. Christophorus eingravirt und in Feuer vergoldet und polychromirt. Zu ihren Füssen kniet ein Canonicus, angethan mit den üblichen Chorgewändern. Im untern Theil befindet sich die in energischem Hautrelief auf schraffirtem Grunde gehaltene Inschrift, wovon ein Theil lautet wie folgt:

— — Venerabilis Johannes Pollart hujus insignis ecclesiae canonicus.
MCCCCXXXIV — —

Nro. 63. Eine Gedächtnisstafel in vergoldetem Kupfer mit eingravirten Heiligenfiguren. Die tief ausgestochene Inschrift auf schraffirtem Tiefgrunde besagt, dass sich vor dieser Funeraltafel die Grabesstätte eines Stiftscanonicus aus dem altgräflichen, heute noch in den Rheinlanden und Belgien blühenden Geschlechte der Merode befand. Die Inschrift, die wir in Abkürzung hier geben, lautet:

hic jacet venerabilis nobilis ac generosus Dominus Arnoldus de Merode baccalaureus utriusque juris — — — — — — — qui obiit Anno Domini MCCCCLXXXVII etc.

Sowohl die h. Jungfrau in der Mitte, neben welcher der verstorbene Arnoldus als Supplex kniet, wie auch die zu beiden Seiten befindlichen heiligen Patrone desselben sammt den Wappen der Merode sind mit einer, wie es scheint, eingebrannten Schmelzfarbe stellenweise auf Goldgrund illuminirt gewesen. Unter den verschiedenen Gedächtnisstafeln an der Ostwand der Kreuzkapelle ist die eben gedachte in artistischer Beziehung nach der in der vorhergehenden Nummer erwähnten als die interessanteste zu betrachten.

Nro. 64. In der Nähe dieser drei Gedächtnisstafeln befinden sich ebenfalls an der Wand befestigt noch mehrere andere Metallplatten mit Grabinschriften, deren künstlerischer Werth geringer anzuschlagen ist. Bei einer sind die Inschriften und Bildwerke auf blauem Grund mit Goldbuchstaben gemalt. Diese letzten Memorientafeln kommen aus der Mitte des XVI. Jahrhunderts und schliessen sich zwar weniger in der Schrift, aber um so mehr in der Ornamentation der neuern Kunstweise der Renaissance an.

Schliesslich muss noch bei Aufzählung der verschiedenen metallischen Kleinodien und Kunstwerke hinzugefügt werden, dass sich leider von ältern heiligen Altargeräthen, die zum eigentlichen eucharistischen Opfer gehörten, keine mehr erhalten haben. Dieselben scheinen im XVI. und XVII. Jahrhundert durch Gefässe im neuern Styl verdrängt und ersetzt worden zu sein. Es kann aber nicht in der Absicht unserer Schrift liegen, liturgische Geräthe der Renaissance und des Rococco hier zu beschreiben oder selbst nur aufzuzählen, da sie wenig formellen, sondern fast nur materiellen Werth haben. Nur einen dieser Kelche wollen wir vorübergehend hier erwähnen, der, mit reichen Filigranirungen überzogen, als einziger Vertreter der gothischen Kelche sich erhalten hat und offenbar nach seinen Ornamenten dem Schlusse des Mittelalters angehört.

Mittelalterige Webereien und gestickte liturgische Gewänder im Schatze des Aachener Münsters.

Ausser den kostbaren Schätzen an ältern Kirchenornaten, die sich in grosser Zahl und Abwechselung im Dome zu Halberstadt, in der Liebfrauenkirche zu Danzig und in der Marktkirche zu Braunschweig vorfinden, wird kaum eine so grosse Anzahl von seltenen gemusterten Prachtgeweben wie von reichgestickten Kirchenparamenten des Mittelalters aufgefunden werden, wie in der Sakristei des Münsters zu Aachen.

Nro. 65. Eines der ältesten Prachtgewebe, das die orientalische (byzantinische) Seidenfabrikation auf der Höhe ihrer Entwickelung zeigt, liegt heute verschlossen in dem Karlsschrein, den wir unter Nro. 17 in grössern Umrissen beschrieben haben. Der Umstand, dass dieses reich gemusterte Gewebe als Bedeckung der irdischen Ueberreste des grossen Kaisers in dem genannten Sarkophag in ziemlich grossem Umfange niedergelegt worden ist, berechtigt zu der Annahme, dass dasselbe entweder ein Theil jenes Kaisermantels ist, womit die Hülle des grossen Kaisers im Jahre 814 feierlich bekleidet war, oder dass es ein Ueberbleibsel von dem reichen Obergewande ist, womit Otto III. nach Eröffnung der Kaisergruft die kaiserliche Leiche, dem Berichte einiger Schriftsteller zufolge, auf's neue zu bekleiden befahl. Die Vermuthung liegt nah, dass man bei der Uebertragung der Gebeine Karl's des Grossen, sei es bei der ersten Eröffnung oder bei der Translation unter Friedrich Barbarossa, aus Pietätsrücksichten jenes stofflich gut erhaltene Gewandstück als Hülle der Gebeine in den neuen Schrein mit übertrug, das im Grabe die irdischen Ueberreste des Seligen bedeckt hatte. Bei einer Eröffnung des Schreines im Jahre 1842 nahm der gelehrte Jesuit Abbé Martin Veranlassung, die Prachtgewebe des IX. Jahrhunderts flüchtig zu skizziren und wurden dieselben im III. Bande seiner *Mélanges archéologiques* bildlich veranschaulicht. Die bildlichen Darstellungen sind von grossen Kreisen umzogene Elephanten und sowohl diese Muster sammt den ornamentalen Einzelnheiten, wie die orientalisch-byzantinische Farbenstimmung und

Textur besagen deutlich, dass dieser Stoff zu jenen kostbaren „*Pallia rotata cum historia elephantium*", oder zu den „*Pallia elephantina*" zu zählen sei, von denen Auastasius Bibliothecarius in seiner Lebensbeschreibung Leo's III. an vielen Stellen erwähnt, dass sie von dem eben gedachten Freunde Karl's des Grossen verschiedenen Kirchen Roms zu Geschenk gegeben worden seien.

Nro. 66. Dreizehn reich figurirte Seidengewebe, die der Frühzeit der orientalisch-byzantinischen Seidenindustrie beizuzählen sind. Unter diesen seltenen Stoffresten von grösserem und kleinerem Umfange befinden sich mehrere Seidengewebe im dunkelvioletten Kaiser-Purpur, deren Musterungen die weit fortgeschrittene Seidenindustrie am byzantinischen Hofe in den Tagen der Isaurier und der Komnenen augenfällig bekunden. Das offenbar interessanteste und grossartigste Gewebe unter diesen Ueberresten ist jenes grössere Stoffstück, das nach der Ausdrucksweise des Anastasius zu den *Palliis scutellatis cum historia hominum et equorum* gezählt werden muss. Auch dieses Prachtgewebe, das in der Darstellung der Römischen Quadriga noch Nachklänge an die untergegangene klassisch-römische Kunst und Cultur erkennen lässt, dürfte mit noch mehreren anderen gegenwärtig zwischen eingerahmten Glasscheiben sorgfältig aufbewahrten Geweben zu jenen Stoffen zu rechnen sein, die entweder als Umhüllungen von Reliquien aus dem Morgenlande in das Abendland gelangt sind, oder mit der Kaiserleiche Karls des Grossen in nächster Beziehung gestanden.

Nro. 67. Acht verschiedenartig gemusterte Stoffreste, die dem Maurisch-Spanischen und der Sarazenisch-Sizilianischen Seidenfabrikation vom XI. bis zum Schlusse des XIII. Jahrhunderts angehören. Unter diesen Stoffen, die im Geschmacke der spät-romanischen Kunstepoche naturhistorisch gemusterte Darstellungen zeigen, befinden sich mehre ausgezeichnete Stücke in höchster Vollendung des technischen Machwerkes. Sie führen in ihren Mustern die den Orientalen so geläufige Verbindung der Pflanzenwelt mit der Thierwelt und gehören zu jenen Stoffen, die von französischen Chronisten schon im Mittelalter: „*faites à l'arabesque*" genannt werden. In den Inventarien der Kirchenschätze des XIII. und XIV. Jahrhunderts heissen diese äusserst geschmackvoll naturhistorisch gemusterten Stoffe meistens: „*Pallia holosericea cum flosculis et bestiolis*" oder auch „*Pallia subsericea cum figuris ethnicis vel Sarazenorum*". Diese Seidenstoffe gehören ebenfalls zu denen, in welchen zweifelsohne ehemals die Reliquien eingehüllt waren, wie wir oben unter Nro. 1 und 2 angedeutet haben. Es machen sich unter ihnen besonders zwei grössere Stoffreste bemerklich, wovon der erste der Andalusisch-Maurischen Fabrikation von Almeriga angehört. Man erkennt an dem einen derselben von den zierlichsten Laubverschlingungen umgebene Gebilde von Pfauen und verschiedenen Vierfüssern, die hinsichtlich ihrer Stylisirung und Composition vollständig mit den Gebilden übereinstimmen, die an dem schönen Gewebe der Kasel des h. Dominicus zu Toulouse vorkommen, welches Abbé Martin im II. Bande seiner *Mélanges archéologiques* in einer vielfarbigen Abbildung wiedergegeben hat. Der andere gemusterte Seidenstoff von höchster Feinheit der Fabrikation, welcher ebenfalls vom Abbé Martin a. O. veranschaulicht ist, dürfte mit seinen schönen Musterungen von Guirlanden des Weinlaubs und von kleinen Kronen und Buchstaben zu jenen *Palliis literatis* zu zählen sein, die in den Inventaren des Mittelalters so häufig aufgeführt werden. Sämmtliche unter dieser und der vorhergehenden Nummer aufgeführten seltenen Seidengewebe wurden glücklicherweise vor wenigen Jahren, in Bündeln zusammengewickelt, wieder aufgefunden und werden jetzt sorgfältig unter doppeltem Glasverschluss so aufbewahrt, dass sie von beiden Seiten bequem in Augenschein genommen und im Interesse der Kenntniss der so merkwürdigen mittelalterlichen Seidenindustrie genau beurtheilt werden können.

Nro. 68. Messgewand in dem ältern faltenreichen Glockenschnitt des Mittelalters; der Tradition nach ist dasselbe vom h. Bernard getragen worden, als er, in Aachen weilend, den Kreuzzug predigte. Dasselbe besteht heute aus einem schweren Seidengewebe von dunkelblauer Farbe ohne Musterung. Auf der Vorder- wie auf der Rückenseite trägt die Kasel je ein Kreuz mit schräg ansteigenden Querarmen. Die Kreuze sind in reichen Perlstickereien aus zwei romanischen Ornamentmustern gebildet, welche sich zur Kreuzform aneinander reihen. Zu diesem merkwürdigen Messgewande, das in seinem Oberstoffe nicht unbedeutend umgestaltet worden zu sein scheint, haben sich bis auf heute zwei griechische Stolen (*oraria*) in reicher Goldstickerei mit griechischen Heiligenfiguren erhalten, die sowohl als künstlerische Compositionen wie in technischer Beziehung von grosser Seltenheit sind. Dieselben gehören ebenfalls dem XII. Jahrhundert an und zeigen grosse Analogie mit ähnlich figurirten Stabstickereien, die sich bis zur Stunde als *aurifrisiae* auf modernen Kaselgewändern im Dome zu Kaschau in Ungarn erhalten haben.

Nro. 69. Chormantel (*pluviale*) aus einem kostbaren kurzgeschnittenen Purpursammet mit in Gold eingewirkten Quadraturen, in deren Mitte sich in Tambouret gestickte rosenförmige Ornamente in weisser Seide befinden. Dem äussern Rand entlang zieht sich ein schmales Besatzstück als Aurifrisie, das eine merkwürdige Technik der Stickerei zu erkennen gibt, die von mittelalterlichen Autoren als *opus hibernicum, angelicanum* bezeichnet wird. Die Fabrikation des Purpursammets von hoher technischer Vollendung, der Reichthum des Materials und der Stickereien, die silbernen Glöckchen (*tintinnabula*) am untern Saum, ferner die vielen eingestickten frühgothischen Wappenschilde machen es wahrscheinlich, dass dieser Purpurmantel ehemals bei den Krönungen als *paludamentum regale* in vorübergehenden Gebrauch genommen wurde. Das in einer frei aufliegenden Stickerei immer wiederkehrende Blatt des *Alisma plantago*, desgleichen eine Menge anderer technischer Vorkommnisse deuten darauf hin, dass dieses merkwürdige *pallium regale* sich unter jenen Kleinodienstücken befunden habe, welche einer noch erhaltenen Urkunde zufolge von dem reichen Richard von Cornwallis bei seiner Krönung dem hiesigen Münsterstifte auf ewige Zeiten als Krönungsgewand geschenkt worden. Es heisst die archäologischen Forschungen der letzen zwanzig Jahre gänzlich übersehen, wenn man diese auch für ein ungeübtes Auge offenkundig aus frühgothischer Zeit herrührende Stickerei noch als Chorkappe Leo's III. bezeichnet.

Nro. 70. Messgewand mit figuralen Stickereien in Kreuz und Stab, welche zu den edelsten Plattsticharbeiten gezählt werden können, die aus der letzten

Hälfte des XIV. Jahrhunderts auf uns gekommen sind. Es lässt sich mit Grund vermuthen, dass diese Figurstickereien sich ehemals als Besatzstäbe (*aurifrisia*) an einem reichen Chormantel befanden. Der Umstoff zu dieser Stickerei ist, obgleich viel älteren Ursprungs als die Stickerei selbst, doch offenbar erst später hinzugefügt und ist zu einem verstümmelten Messgewand in moderner Form zugeschnitten worden. Dieser Grundstoff zeigt auf einer dunkelblauen schweren Satinseide ein goldgesticktes romanisches Muster, das als Arabeske der Thier- und Pflanzenwelt entlehnt ist. Am meisten kommen in dieser merkwürdigen Goldstickerei geflügelte Greife vor, in einer Stylisirung, wie sie für das XII. Jahrhundert charakteristisch ist. Mit Wahrscheinlichkeit lässt sich annehmen, dass der in Rede stehende goldgestickte Grundstoff dieses Messgewandes ehemals zur Kasel des heiligen Bernard gehörte.

Nro. 71. Altarvorhang in violettem Sammet, mit vielen Ornamentstickereien in netzförmig überstickter Flockseide. Dieses Antependium darf unter den bis heute noch erhaltenen als eines der interessantesten in der eben angedeuteten Technik betrachtet werden. Auf der innern Fläche erblickt man fünf Rundmedaillons, die von feinstylisirtem Laubwerk umgeben sind. Leider sind die fünf Füllungen der Medaillons heute verschwunden und durch unschöne Stoffreste in violettem Damast ersetzt. Wahrscheinlich ist es, dass sich ursprünglich an dieser Stelle im Plattstich gestickte scenirte Bildwerke befanden, wie deren heute noch in gleicher Einfassung und Grösse in der Kirche von St. Andreas in Köln aufbewahrt werden. Die Stickereien dieses interessanten Antependiums rühren offenbar aus der letzten Hälfte des XV. Jahrhunderts her.

Nro. 72. Ein in stylisirtem gothischen Laubwerk mit Goldfäden gestickter Besatz mit Bildstickereien in grösseren Rundmedaillons, eine vollendete Stickarbeit des XV. Jahrhunderts. Nach Analogien ähnlicher Ornamentstickereien zu urtheilen, diente diese interessante *aurifrisia* ehemals als obere Randverzierung eines Altarvorhanges. Heute wird dieselbe, obschon die Breitenausdehnung eine auffallende ist, als Stola in Gebrauch genommen.

Nro. 73. Messgewand mit den dazu gehörenden Dalmatiken in figurirtem Grünsammet. Die Aurifrisien, die als ornamentale Stäbe diese schöne Kapelle schmücken, sind in Gold gewirkt und zeigen die Wappenschilder der Geschenkgeber nebst den eingewirkten Namen derselben. Es dürfte keinem Zweifel unterliegen, dass die reichen Goldwirkereien dieser Kapelle von der Kölnischen Zunft der Wappenwirker und Wappensticker aus der ersten Hälfte des XV. Jahrhunderts herrühre, wie die in ähnlicher Weise gemusterten Stabwirkereien bekunden, die man in Niederrheinischen Kirchen heute noch in Menge antrifft. Leider ist der Schnitt auch dieses Messgewandes von der Willkür und Geschmacklosigkeit des vorigen Jahrhunderts auf die heutige modernisirte Form heruntergewürdigt worden. Die Dalmatiken hingegen haben in der Verkürzung weniger gelitten und noch so ziemlich ihre ältere Form und den frühern Faltenreichthum behalten.

Nro. 74. Zwei prachtvolle Pluviale in geschnittenem Genueser Rothsammet mit reichen Musterungen, herrührend aus der letzten Hälfte des XV. Jahrhunderts.

Diese beiden Chormäntel sind an dem untern Rande ähnlich wie bei dem *Paludamentum regale* unter Nro. 69 mit vielen silbernen Glöckchen verziert. Sowohl die in Figuren reichgestickten Stäbe wie die Schilde *(clypei)* dieser beiden Chorkappen lassen nicht undeutlich wahrnehmen, dass die Bildwerke *(brodés à or battu)* von der berühmten Zunft der Bildsticker in Flandern und insbesondere in Arras gestickt worden sind. Aehnliche Stickereien führen desswegen heute noch in Italien den bezeichnenden Beinamen *Aracci.*

Nro. 75. Vier Messgewänder im neuern Zuschnitt, deren Grundstoffe in violetter und rother Farbe reiche mittelalterliche Musterungen zu erkennen geben. Die Kreuze und Stäbe dieser Kaseln aus dem Schlusse des XV. Jahrhunderts zeigen figurale Nadelmalereien auf gesticktem Goldgrund, wie man dieselben in ähnlicher Composition und Technik noch in vielen Kirchen der Erzdiöcese Köln vorfindet.

Die vorliegenden Angaben beabsichtigen nur allein jene Kleinodien und Ornate aufzuzählen, die dem Mittelalter angehören. Die mit reichen Goldstickereien vielfach überladenen Paramente aus der Periode der Renaissance und des Rococco, die das Aachener Münster ausserdem noch in grosser Zahl und Abwechselung der Formen besitzt, so wie die vielen liturgischen Geräthe dieser eben gedachten Kunstepochen gehören dem speziellen Schatzverzeichnisse an, das bis zum vorigen Jahrhunderte in jeder grösseren Kirche nach alten Satzungen sorgfältig geführt und zeitweise ergänzt werden musste.

Kleinodien und Kunstwerke, welche schon seit längerer Zeit nicht mehr im Schatze des Münsters vorhanden sind.

Nro. 1. Evangelistarium Karl's des Grossen; ein mit Goldbuchstaben auf purpurgeröthetem Pergament geschriebenes Evangelienbuch. Höhe 1' 2''', Breite 11''', VIII. Jahrhundert. Der Beginn eines jeden Evangeliums ist mit einer grossen Miniatur den betreffenden Evangelisten vorstellend verziert, deren Composition und Ausführung, wenn auch in ziemlich derber Weise, doch Anklänge an die römischklassische Kunstweise durchblicken lässt. Der gegenwärtige in Goldblech getriebene Deckel gehört der Spätgothik, dem Ende des XV. Jahrhunderts an. Auffallenderweise berichten alle neuern Beschreiber dieses Kaiserl. Evangelistariums, indem sie der falschen Angabe von Murr's aus dem Schlusse des vorigen Jahrhunderts folgen, dass auf dem Deckel Karl der Grosse mit erhobener Hand schwörend in sitzender Stellung abgebildet sei. Eine genaue Abbildung dieses Prachtwerkes in Naturgrösse hat augenfällig ergeben, dass es die dem Mittelalter so geläufige Darstellung der *Majestas Domini* sei, des Heilandes nämlich, wie Er auf dem Throne der Herrlichkeit am Ende der Tage sitzend, mit erhobener Rechten segnet und in der Linken das Buch des Lebens hält. In den Seitennischen befindet sich der Englische Gruss. Die vier Ecken sind durch kleine Medaillons mit den Bildern der vier Evangelisten ausgefüllt.

Nro. 2. Das Schwert Karls des Grossen, in Form eines orientalischen Säbels *(acinaces persica).* Länge 3' 6''', Breite 2'''. Eine ehrwürdige Tradition nimmt von dieser in Goldblech getriebenen Waffe an, es habe dieselbe sich unter den Geschenken befunden, die Harun-al-Raschid Karl dem Grossen mit anderen Kostbarkeiten übersandt habe. Scheide und Griff des Säbels bestehen aus getriebenen Goldblechen, deren Musterungen ebenso wie die Form der Waffe deutlich den orientalischen Ursprung aus früher Zeit erkennen lassen. Der Griff des Säbels ist an den Stellen, wo er nicht mit Goldblech umkleidet ist, mit einer stark gekörnten fast hornartigen Haut einer Fischotter umzogen. Die Rückseite der sichelförmig gebogenen Scheide hat einen Ueberzug von stark gekörntem Leder, dessen Herkommen und Bearbeitung nicht so leicht zu deuten sein dürften. Leider fehlt dieser merkwürdigen Waffe heute der Traggürtel (*baltheus*), der gegen Schluss des vorigen Jahrhunderts sich noch vorgefunden haben soll.

Nro. 3. Reliquienschrein (*arcula in forma domus redacta*), enthaltend Erde getränkt mit dem Blute des Erzmartyrers Stephanus, Höhe 1' 2", Länge 9", Breite 3" 3'''. Dieses merkwürdige Reliquiar in Goldblech hat die Form der ältesten Reliquienbehälter, wie deren der Schatz zu Monza und die Willibrordkirche zu Emmerich etc. besitzen. Die Vorderseite dieses Behälters ist in ziemlich roher Weise mit reihenförmig geordneten Halbedelsteinen ohne Schleifung verziert. Eine Menge eingewirkter Ornamente in Vierblatt geben die Gewissheit, dass die Vorderfläche dieser Kapsel in der frühgothischen Kunstepoche auf den primitiven Ueberzug übertragen worden ist. Die hintere Seite in spielenden getriebenen Musterungen ist modern und gehört durchaus dem Schlusse des vorigen Jahrhunderts an. Die ursprünglichen getriebenen Ornamente befinden sich an den beiden schmalen Seitentheilen und haben diese in dünnem Goldblech ausgeführten Arbeiten eine technische Beschaffenheit und Gestalt wie byzantinische und fränkische Münzen des VIII. und XI. Jahrhunderts.

Diese drei eben beschriebenen Kleinodien waren seit der ältesten Zeit im Schatze zu Aachen als theuere Ueberbleibsel sorgfältig aufbewahrt, indem dieselben als Hoheitsinsignien bei jeder Krönung *rite et essentialiter* erforderlich waren. Sodann wurden dieselben sammt den früher beschriebenen Reliquien und Kunstschätzen beim Anrücken der Franzosen gegen Schluss des vorigen Jahrhunderts nach Paderborn geflüchtet. Auf Wunsch Kaisers Franz II. wurden indessen im Jahre 1798 diese drei Aachener Krönungsinsignien von den übrigen Reliquien und Kostbarkeiten des geflüchteten Schatzes abgesondert und nach Wien gebracht. Das Stiftskapitel zu Aachen hat es für seine Pflicht erachtet, zu verschiedenen Malen seine Rechte auf diese drei Kleinodienstücke geltend zu machen und die Rückerstattung derselben zu beantragen.

Nro. 4. Eine goldene, mit Edelsteinen besetzte Rundkapsel, welche bei Eröffnung des Grabes Karl's des Grossen durch Otto III. auf der Brust des grossen Kaisers befestigt gewesen und vom Haar der allerseligsten Jungfrau enthalten haben soll. Durchmesser 3". Dieselbe wurde der Kaiserin Josephine, der Gemahlin Napoleons I., zum Geschenk gemacht. Ein Theil des Reliqueninhaltes ist in dem oben unter Nro. 5 beschriebenen Reliquiar der Münsterkirche erhalten geblieben.

Nro. 5. Ein Bildniss der Muttergottes mit der Umschrift: *Hanc imaginem fecit S. Lucas evang. ad similitudinem B. M. V.* Höhe 2" 6''', Breite 2". Wurde ebenfalls der Kaiserin Josephine zu Anfang dieses Jahrhunderts zum Geschenk gemacht.

Nro. 6. Ein silbern vergoldetes viereckiges Kästchen, auf dessen Deckel sich die Kugel mit dem Kreuz befand. Es war mit einem grünseidenen Bande umwunden und bekannt unter dem Namen: *noli me tangere*, was ehemals zu vielen absurden Behauptungen Veranlassung gegeben hat. Eine alte Abbildung davon befindet sich in der Sakristei. In der französischen Zeit wurde es eröffnet und man fand darin einige kleine Reliquien und eine Inschrift auf Pergament. (S. Schervier, a. O. S. 47.)

Nro. 7. Vortragekreuz in Silber vergoldet, mit reichen Schmelzverzierungen. XIV. Jahrhundert. Länge 340 Mm., Breite 310 Mm. In der Kreuzung und an den Enden der vier Balken ist dasselbe mit rundbogigen Vierpässen geschmückt, von denen der mittlere die Passionsgruppe enthält, während die vier anderen durch die Symbole der Evangelisten in durchsichtigem bunten Flachschmelz verziert sind. Die Rückseite trägt reiche Gravirungen. — Dieses Kreuz befand sich ehemals im Schatze des Aachener Münsters und ist aus nicht näher bekannten Gründen nach Köln gekommen. Wir haben es in unserm „heiligen Köln" ausführlich beschrieben und abgebildet. (S. Schatzkammer des Kölner Doms, S. 7—11, Taf. IX, Fig. 37. Der daselbst am Kreuze mit abgebildete romanische Stab gehört nicht zu demselben, sondern zu dem unter Nro. 36 abgebildeten schönen Aufsatze eines Ceremonienstabes für den *Magister Cantus* aus dem Jahre 1178.)

Nro. 8. Die Dreikönigssäule in Erz, stand in der Mittellinie des Chors auf den drei Treppen, die zur Chorabsis führen. Dieselbe war aus drei gothischen Spitzsäulen construirt, unter denen die Anbetung der heil. drei Könige und andere Erzstatuen sich befanden. Auf der Spitze stand Karl der Grosse. Das Laubwerk der Verzierungen bildete zwölf Leuchter, jeder mit zwei Sätzen, worauf an Festtagen viele Lichter brannten. Noppius, S. 23, sagt darüber: „Ist dermassen ein subtilich Werk, das wenn es gereinigt wird, anders nicht als durch Goldschmiedsarbeit aus- und wieder ineinander gesetzt werden kann." Dieses merkwürdige Kunstwerk wurde zur französischen Zeit in Stolberg in einer Messingfabrik eingeschmolzen.

Nro. 8. Sechs erzene Säulen, die um den Altar herum aufgestellt waren. Auf denselben befanden sich Engel in Alben und Stolen gekleidet mit den Leidenswerkzeugen (Noppius S. 23). Dieselben sollen überaus schön stylisirt gewesen sein. — Leider wurden in der französischen Zeit auch diese Meisterwerke des Kupfergusses in einem Stolberger Hochofen verschmolzen.

Nro. 9. Ein grosser und ausgezeichneter Crucifix in Holz in gothischem Style, hing im Bogen zwischen Chor und Oktogon.

Nro. 10. Eine Passionsgruppe aus dem XV. Jahrhundert, in der Kreuzkapelle. Steht gegenwärtig unter freiem Himmel am Anfang der Königstrasse „unter der Linde".

Nro. 11. Ein kostbares Evangelienbuch auf Pergament; nach Angabe des Herrn Professors E. P. Bock gegenwärtig in der Burgundischen Bibliothek zu Brüssel.

Nro. 12. Zwei goldene, reich mit Edelsteinen besetzte Kronen für die Muttergottes und das Jesuskindlein, Geschenke der Prinzessin Isabella Clara Eugenia, Infantin von Spanien, aus den Jahren 1599 und 1627. Diese Kleinodien wurden am Fastnachtsmontag des Jahres 1843 durch frevelhaften Kirchenraub entwendet.

Berichtigungen*).

Zu Seite IV, Zeile 1 von oben, statt „auf die — — Kaiserstadt Aachen" liess „auf Karl den Grossen".

Zu Seite 1. Die beiden Medaillons auf dem Fusse der Abbildung sind aus Versehen des Zeichners in den Querdurchmesser statt in den geraden Durchmesser verlegt worden.

Seite 3, Zeile 1 von oben lies „woran" statt „wozu".

Seite 9, Zeile 11 und 14 von unten lies „Nro. 19 und 20".

Seite 15. Der Fuss des Reliquiars ist irrthümlich in geradseitigem Sechseck mit einer Laubverzierung gezeichnet, während er sechs ungleiche Rundbogenseiten hat, die keine Verzierung tragen. — Im Text heisst es, das Kreuz in der obern Kapsel enthalte eine Reliquie vom heil. Kreuz. Es enthält in den vier Balken auf der in der Abbildung irrthümlich vorgekehrten Vorderseite vier Reliquien, von welchen die im rechten Balken keine Inschrift mehr hat und wahrscheinlich dem heil. Kreuz angehört. Die im linken Balken ist (abgekürzt) bezeichnet: *ex titulo crucis*; die im obern Balken: *de cruce latronis*; die im untern: *ex porta aurea*.

Im Innern der Rundkapsel soll sich ein schmaler Papier- und Pergamentstreifen befinden mit der Inschrift: *Consecratum per Eugenium quartum anno Domini* 1434, die sich ohne Zweifel auf das *Agnus Dei* in Wachs bezieht.

Seite 23, Zeile 8 von unten lies: *themata*.

Zu Seite 33, Zeile 22 von oben. Nach Eginhard soll Karl sieben seiner eigenen Füsse gemessen haben, womit das älteste *pied-du roi-Maass* gegeben ist.

Seite 41 ist die Anmerkung zu streichen.

Seite 45, Zeile 25 von oben lies: „alle (Tugenden)".

Die Tafel zu Seite 51, welche die Reliquienkapelle Karls IV. darstellt, muss die Bezeichnung haben: zu Nro. 19.

Zu Seite 59, Zeile 1 von unten hinzuzusetzen: In der Rechten trägt er einen Stab mit dem einfachen Kreuz, der Schmuck der linken Hand (vielleicht das Evangelienbuch) ist abhanden gekommen.

Seite 74, Zeile 18 von oben lies: „*cantharus*".

*) Da in der kurzen Zeitfrist von kaum drei Wochen Satz und Druck der vorliegenden Blätter vollendet werden musste, so mögen einige Druckfehler Entschuldigung finden; auffallendere Irrungen finden im Obigen eine Berichtigung.

Inhalts-Verzeichniss.

		Seite
Zur Erklärung des Titelbildes		III — IV
Vorwort		V — VIII
Einleitung		IX — XXXIV
Nro. 1.	Reliquiar mit dem ledernen Gürtel des Heilandes. XIV. Jahrhundert.	1 — 4
„ 2.	Reliquienmonstranz mit dem Stricke der Geisselung. XIV. Jahrhundert	4 — 6
„ 3.	Hierothek in Scheibenform, verschiedene Reliquien enthaltend. XIV. Jahrh.	6 — 10
„ 4.	Ostensorium, enthaltend einen Theil vom Gürtel der allerseligsten Jungfrau. XIV. Jahrhundert	11 — 14
„ 5.	Schaugefäss, ein geweihtes Agnus Dei enthaltend. XV. Jahrhundert.	14 — 15
„ 6.	Reliquienbehälter mit den Gebeinen des h. Simeon. XIV. Jahrhundert	16 — 19
„ 7.	Standbild des h. Petrus mit dem Kettengliede. XV. Jahrhundert	19 — 21
„ 8.	Reliquienschrein mit dem Haupte des h. Anastasius. XII. Jahrhundert	21 — 24
„ 9.	Reliquiengefäss mit Gebeinen der h. Ursula. XIV. Jahrhundert.	24 — 26
„ 10.	Elfenbeinlade mit den Reliquien des h. Speus. XII. Jahrhundert	26 — 27
„ 11.	Schaugefäss, die Reliquien verschiedener Heiligen enthaltend. XIV. Jahrh.	27 — 29
„ 12.	Reliquiengefäss mit Ueberbleibseln vom h. Stephan von Ungarn. XIV. Jahrh.	29 — 31
„ 13.	Brustbild Karl's des Grossen mit dem Hirnschädel desselben. XIV. Jahrh.	31 — 34
„ 14.	Reliquienbehälter mit dem Armschenkel Karl's des Grossen. XV. Jahrh.	35 — 36
„ 15.	Reliquiar mit einem Theile vom h. Kreuze. XII. Jahrhundert	36 — 39
„ 16.	Elfenbein-Horn Karl's des Grossen. IX. Jahrhundert	39 — 42
„ 17.	Grosser Reliquienschrein, enthaltend die irdischen Ueberreste Karl's des Grossen. XII. Jahrhundert	43 — 50
„ 18.	Reliquienmonstranz, enthaltend Ueberbleibsel vom h. Papst Leo III.	50
„ 19.	Reliquienkapelle Karl's IV., enthaltend verschiedene Ueberbleibsel der Leidenswerkzeuge und von mehreren Heiligen. XIV. Jahrhundert	51 — 54
„ 20.	Reliquienkapelle, Ueberbleibsel mehrerer Heiligen enthaltend. XIV. Jahrh.	54 — 56
„ 21.	Reliquienschrein, enthaltend die vier grossen Reliquien. XIII. Jahrh.	56 — 62
„ 22.	Kleinodientruhe mit reichen Beschlägen. XIII. Jahrhundert	62 — 66
„ 23.	Kreuz des Kaisers Lothar. IX. Jahrhundert	66 — 68

Nachtrag.

Kurzes Verzeichniss der kirchlichen Kleinodien und mittelalterlichen Kunstwerke, die sich im Münster zu Aachen vorfinden	69 — 80
Mittelalterige Webereien und gestickte liturgische Gewänder	80 — 84
Kleinodien und Kunstwerke, welche schon seit längerer Zeit nicht mehr im Schatze des Münsters vorhanden sind	84 — 87
Berichtigungen	87